Impressum
Verlag: BABADADA GmbH, Nedderfeld 112 , 22529 Hamburg
Geschäftsführer / Verlagsleitung: Harald Hof
Druck: Books on Demand GmbH, In de Tarpen 42, 22848 Norderstedt

Imprint
Publisher: BABADADA GmbH, Nedderfeld 112 , 22529 Hamburg, Germany
Managing Director / Publishing direction: Harald Hof
Print: Books on Demand GmbH, In de Tarpen 42, 22848 Norderstedt

l'école

baruumsaa

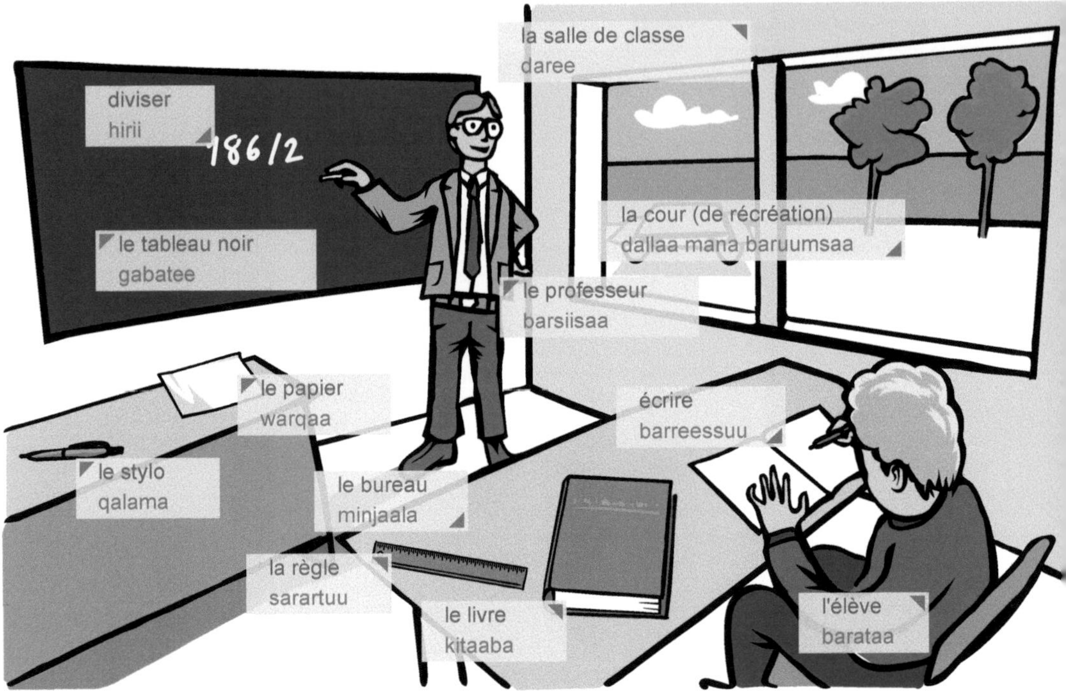

la salle de classe
daree
diviser
hirii
186/2
le tableau noir
gabatee
la cour (de récréation)
dallaa mana baruumsaa
le professeur
barsiisaa
le papier
warqaa
écrire
barreessuu
le stylo
qalama
le bureau
minjaala
la règle
sarartuu
le livre
kitaaba
l'élève
barataa

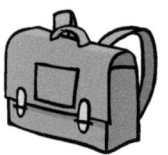

le cartable

korojoo baattamu

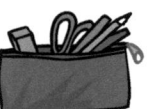

la trousse

teessoo irsaasii

le crayon

irsaasii

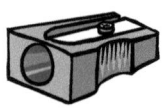

le taille-crayon

qartuu irsaasii

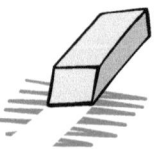

la gomme

haqxuu

le carnet à dessin

paadii fakkii

le dessin

fakkii

le pinceau

burusha halluu

la boîte de peinture

saanduqa halluu

les ciseaux

maqasa

la colle

maxxansituu

le cahier d'exercices

daftara

les devoirs

hojii manaa

le chiffre

lakkoofsa

additionner

ida'ii

soustraire

hir;isi

multiplier

bay;isi

calculer

hoorrogii

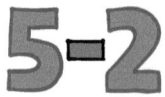

la lettre

xalayaa

l'alphabet

tarree qubee

le mot

jecha

le texte
kitaaba barataa

lire
dubbisuu

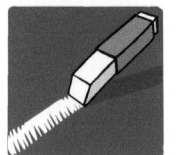

la craie
biroonkii

la leçon
baruumsa

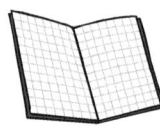

le livre de classe
galmeessuu

l'examen
qormaata

le certificat
raga barreeffamaa

l'uniforme scolaire
uffata mana baruumsaa

la formation
barnoota

le lexique
insaaykiloopeediyaa

l'université
yuunivarstii

le microscope
maaykiroos kooppii

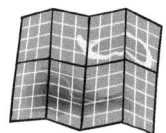

la carte
kaartaa

la corbeille à papier
qircaata gatoo

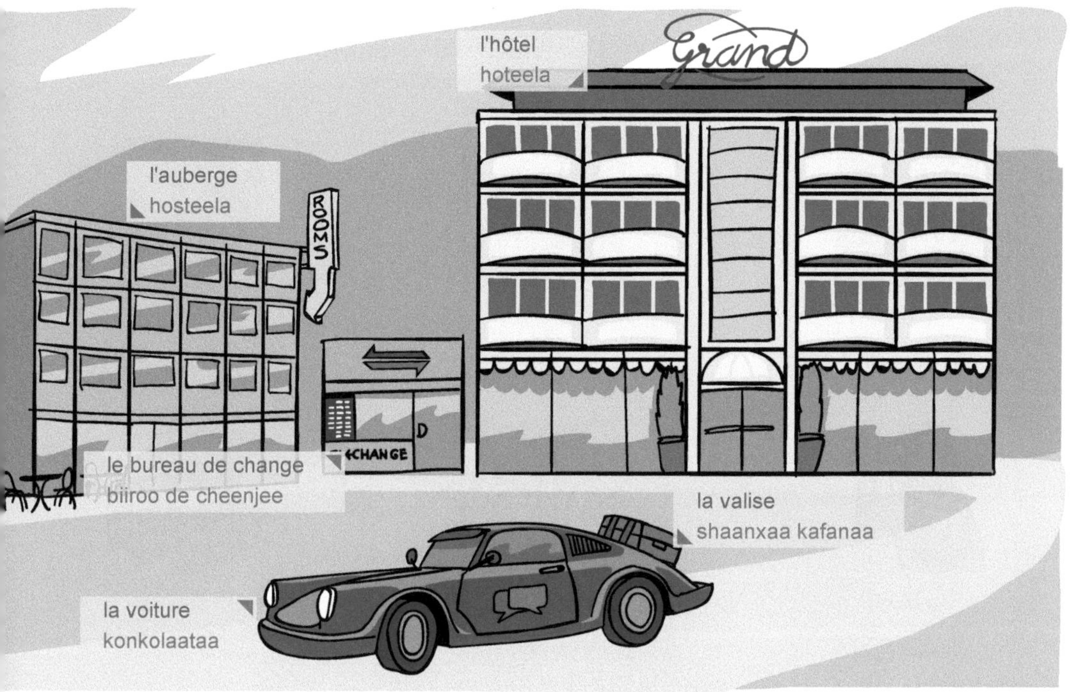

l'hôtel
hoteela
Grand
l'auberge
hosteela
ROOMS
CHANGE
le bureau de change
biiroo de cheenjee
la valise
shaanxaa kafanaa
la voiture
konkolaataa

la langue

afaan

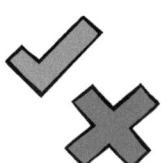

oui / non

eyyeen / mitii

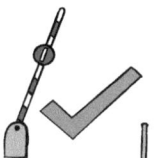

d'accord

haa ta'u

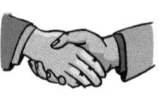

Salut

heloo

l'interprète

turjmaana

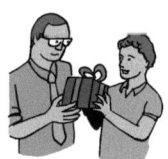

merci

galatoomaa

Combien coûte...?

meeqa

Je ne comprends pas

naaf hingalle

le problème

rakkoo

Bonsoir !

akkam ooltan

Bonjour !

akkam bultan?

Bonne nuit !

halkan gaarii

Au revoir

nagaatti nagaatti

la direction

kallattii

les bagages

ba'aa imalaa

le sac

korojoo

le sac-à-dos

ba'aa dugdaa

l'hôte

keessummaas

la pièce

kutaa

le sac de couchage

korojoo hirriibaa

la tente

dukkaana

l'office de tourisme

odeeffannoo turistii

la plage

qarqara haroo

la carte de crédit

kireedit kaardii

le petit-déjeuner

ciree

le déjeuner

laaqana

le dîner

irbaata

le billet

tikkeetii

l'ascenseur

liiftii

le timbre

chaappaa

la frontière

daangaa

la douane

barmaatilee

l'ambassade

embaasii

le visa

viizaa

le passeport

paasspoortii

le transport
geejiba

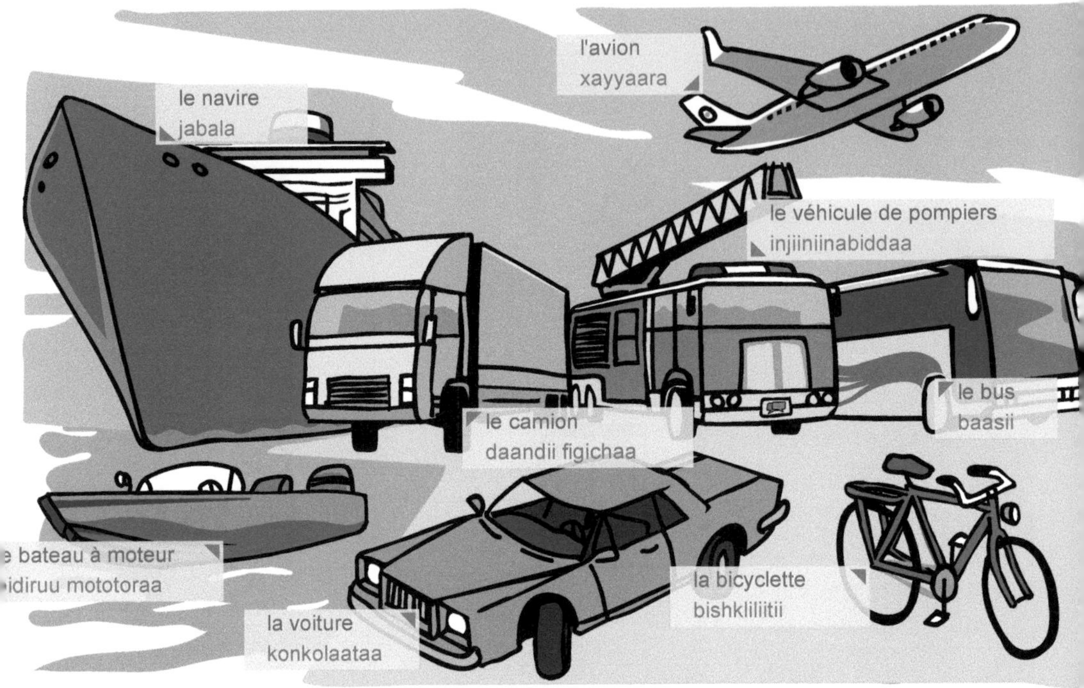
l'avion
xayyaara
le navire
jabala
le véhicule de pompiers
injiiniinabiddaa
le bus
baasii
le camion
daandii figichaa
e bateau à moteur
idiruu mototoraa
la bicyclette
bishkliliitii
la voiture
konkolaataa

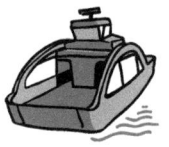

le ferry

bidiruu deeddebii

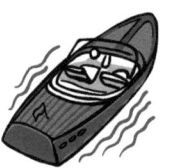

la barque

bidiruu

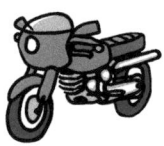

la moto

doqdoqqee

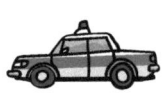

la voiture de police

konkolaataa foolisaa

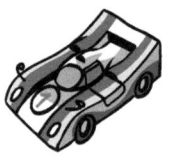

la voiture de course

konkolaataa dorgommii

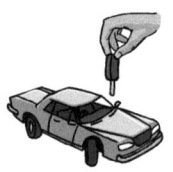

la voiture de location

konkolaataa kiraa

l'auto-partage

konkolataa waliin gahuu

la voiture de remorquage

marsaa boqqoonna

la benne à ordures

daandii dhorkaa

le moteur

motora

l'essence

boba'aa

la station d'essence

buufata boba'aa

le panneau indicateur

mallattoo tiraafikaa

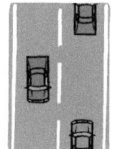

le trafic

tiraafika

l'embouteillage

cuccufaa daandii konkolaataa

le parking

dhaabbii konkolaataa

la gare

buufata baburaa

les rails

konkolaataa guddaa

le train

baabura

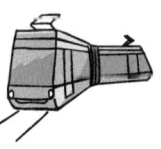

le tramway

baabura eleektirikaa

le wagon

gaarii fardaa

l'hélicoptère

helikooftara

l'aéroport

buufata xayyaaraa

la tour

qooxii

le passager

keessummaa

le conteneur

konteenara

le carton

kaartunii

le chariot

gaarii

la corbeille

qirccaata

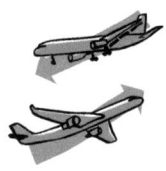

décoller / atterrir

barrisuu / qubachuu

la ville

magaalaa gudaa

le village

araddaa

le centre-ville

handhuura magaalaa

la maison

mana

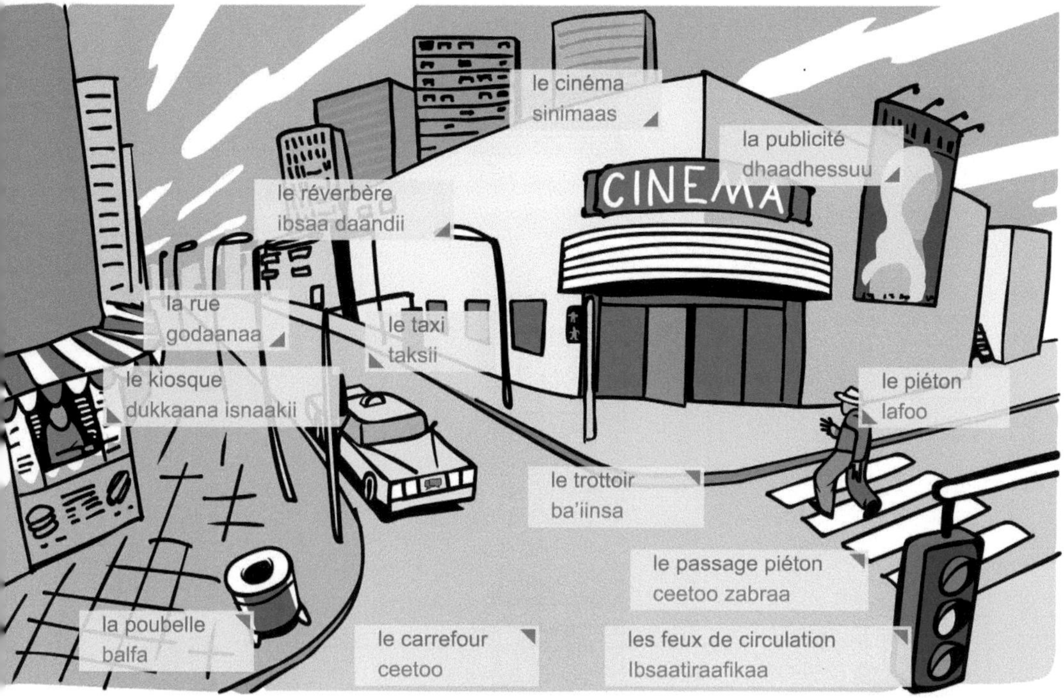

le cinéma
sinimaas

la publicité
dhaadhessuu

le réverbère
ibsaa daandii

CINEMA

la rue
godaanaa

le taxi
taksii

le kiosque
dukkaana isnaakii

le piéton
lafoo

le trottoir
ba'iinsa

le passage piéton
ceetoo zabraa

la poubelle
balfa

le carrefour
ceetoo

les feux de circulation
Ibsaatiraafikaa

la cabane
godoo

l'appartement
diriiraa

la gare
buufata baburaa

la mairie
galma magaalaa

le musée
muuziyeemii

l'école
baruumsaa

l'université

yuunivarstii

la banque

baankii

l'hôpital

hospitaala

l'hôtel

hoteela

la pharmacie

mana qorichaa

le bureau

waajjira

la librairie

dukkana kitaabaa

le magasin

dukkaana

le fleuriste

gurgurtuu abaabo

le supermarché

suppar maarkeetii

le marché

gabaa

le grand magasin

kuusaa dame

la poissonnerie

kiyyeessituu qurxxummii

le centre commercial

giddu gala gabaa

le port

buufata galaanaa

le parc

paarkii

la banque

tessoo dalgee

le pont

riqica

les escaliers

sibsaabii

le métro

Lafa jala

le tunnel

holqa

l'arrêt de bus

buufata konkolaataa

le bar

baarii

le restaurant

mana nyaataa

la boîte à lettres

saanduqa poostaa

le panneau indicateur

mallattoodaandii

le parcmètre

idoo dhaabbii konkolaataa

le zoo

dallaa beeladaa

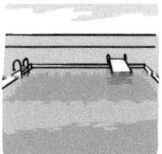

le réverbère

haroo daakkaa

la mosquée

masgiida

la ferme
qonna

la pollution
faalama

la cimetière
iddoo awwaalchaa

l'église
charchii

l'aire de jeux
dirree taphaa

le temple
siidaa

le paysage
teechuma lafaa

la feuille
baala

le panneau indicateur
maxxansa beeksiisaa

le chemin
karaa

le pré
huruufa magariisa

la pierre
dhakaa

le randonneur
nama lafoo deemu

l'arbre
muka

la rivière
laga

l'herbe
mrga

la fleur
abaaboo

la vallée
sulula

la montagne
tabba

le lac
hara

la forêt
bosona

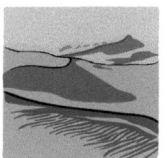

le désert
gammoojjii oo;aa

le volcan
dhooyinsalafaa

le château
masaraa

l'arc-en-ciel
sabbata waaqqaa

le champignon
jaarsa marqoo

le palmier
muka teemiraa

le moustique
bookee busaa

la mouche
balali'uu

les fourmis
mixii

l'abeille
kanniisa

l'araignée
sarariitii

le coléoptère
boombii

la grenouille
hurrii

l'écureuil
shikookkoo

le hérisson
xaddee

le lièvre
beelada illeentii fakkaatu

la chouette
jajuu

l'oiseau
simbira

le cygne
daakkiyyee

le sanglier
ifaannaa

le cerf
godaa

l'élan
godaa ameerikaatti argamu

le barrage
riqicha

l'éolienne
tarbaayinii buubbee

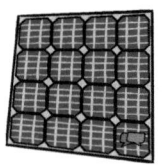

le panneau solaire
panaalii soolaarii

le climat
haala qilleensaa

le restaurant

mana nyaataa

le serveur
keessummeessaa
le menu
meenuu
la chaise
teessoo
la soupe
saamunaa
la pizza
piizaa
la nappe
uffata minjaalaa
les couverts
katlarii

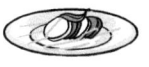

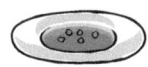

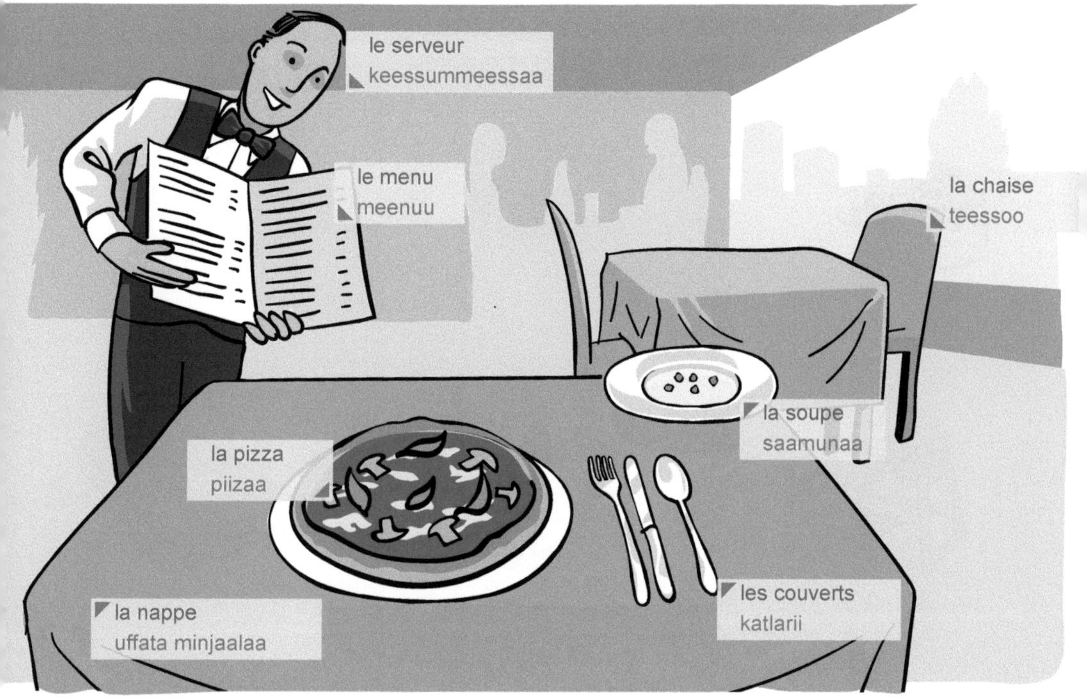

les hors d'œuvre

calqabsiisaa

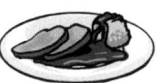

le plat principal

madda muummee

le dessert

deezaartii

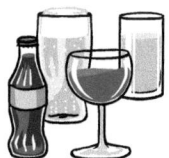

les boissons

dhugaatii

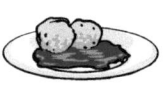

l'alimentation

nyaata

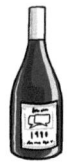

la bouteille

qaruuraa

le fast-food

nyaata qophaa'aa

les plats à emporter

nyaata karaa irraa

la théière

markajii shaayii

le sucrier

qodaa shukkaaraa

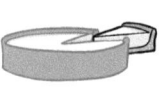

la portion

uwwisa

la machine à expresso

maashina espereessoo

la chaise haute

teessoo ol ka'aa

la facture

nagahee

le plateau

tirii

le couteau

hlbee

la fourchette

shuukkaa

la cuillère

fal'aana

la cuillère à thé

fal'aana shaayii

la serviette

uffrata minjaala nyaataa

le verre

burcuqqoo

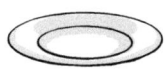

l'assiette
diiriiraa

l'assiette à soupe
teessoo saamunaa

la soucoupe
teessoo siinii

la sauce
sugoo

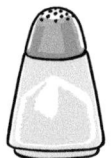

la salière
qodaa sooqiddaa

le moulin à poivre
daaktuu barbaree

le vinaigre
hadhooftuu

l'huile
zayita

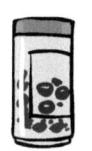

les épices
qimamii

le ketchup
kachappii

la moutarde
sanaafica

la mayonnaise
maaynoneezii

le supermarché
suppar maarkeetii

l'offre promotionnelle
kenaa addaa
FOR
le client
maamila
les produits laitiers
oomish aannanii
les fruits
fuduraa
le chariot
baabura eelektirikaa

BUTCHERS

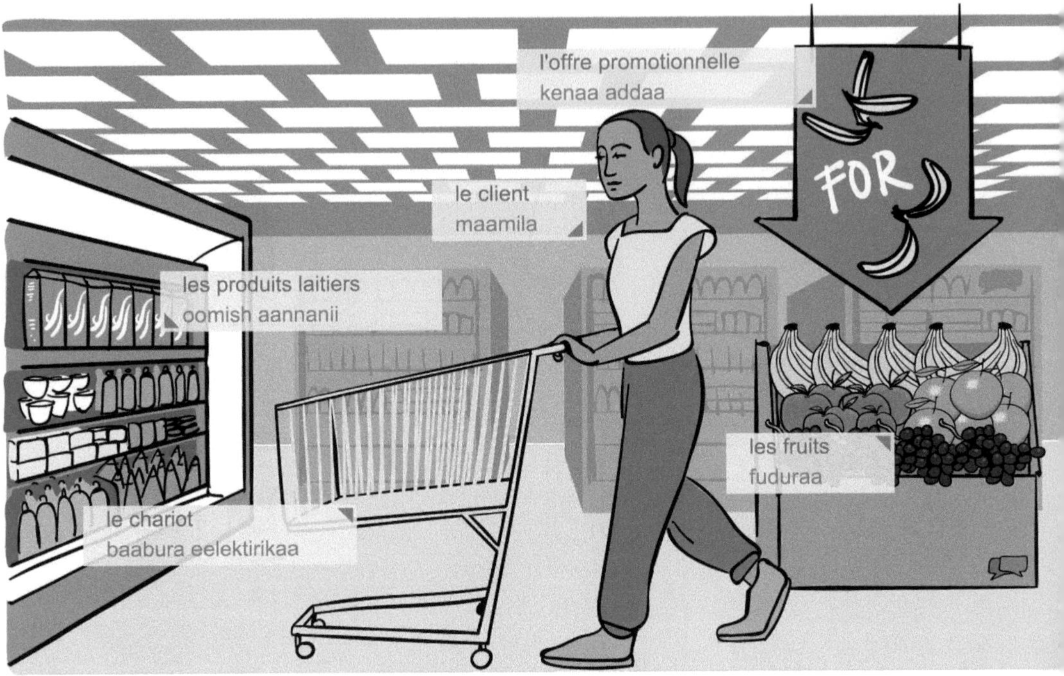

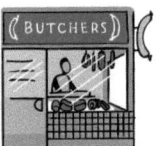

la boucherie

mana foonii

BAKERY

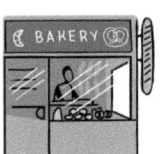

la boulangerie

tolchituu

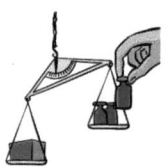

peser

ulfaatina safaruu

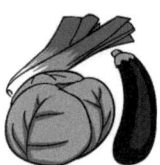

les légumes

kuduraa

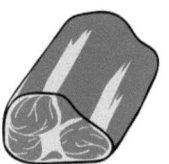

la viande

foon

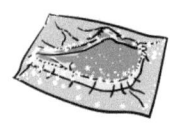

les aliments surgelés

nyaataqorraa

la charcuterie

foon qorraa

les conserves

nyaata samsmaa

la poudre à lessive

oomoo

les bonbons

mi'aawaa

les articles ménagers

oomisha meeshaa manaa

les détergents

bu'aa qulqulleessuu

la vendeuse

nama gurgurtaa

la caisse

hanga

le caissier

qarshi qabduu

la liste d'achats

taree gabaa

les heures d'ouverture

sa'aatii baniinsaas

le portefeuille

krojoo qarshii kan dhiiraa

la carte de crédit

kireedit kaardii

le sac

korojoo

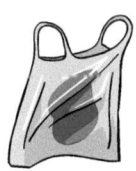

le sac en plastique

korojoo pilaastikaa

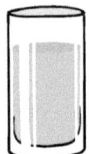

l'eau

bishaan

le jus de fruit

cuunfaa

le lait

aannani

le coca

kookii

le vin

wayinii

la bière

biiraa

l'alcool

alkoolii

le chocolat chaud

kookaa

le thé

shaayii

le café

buna

l'expresso

espereesso

le cappuccino

kaappuchuunoo

la banane

muuzii

la pomme

aappilii

l'orange

burtukaana

le melon

meeloonii

le citron.

loomii

la carotte

kaarotii

l'ail

qullubbii adii

le bambou

leemmana

l'oignon

qullubbii

le champignon

jaarsa marqoo

les noisettes

godoo

les pâtes

gowwaa

les spaghetti

ispaageetii

le riz

ruuza

la salade

salaaxaa

les pommes frites

chiipsii

les pommes de terre rôties

moose affeelamaa

la pizza

piizaa

le hamburger

hmbargarii

le sandwich

saanduchii

l'escalope

kotaleetii

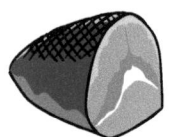

le jambon

foon booyyee kan luka
fuuiduraa

le salami

nyaata mi'eessituu fi
sooggiddan sukkummame

la saucisse

sausage

le poulet

lukuu

le rôti

waaddii

le poisson

qurxummii

les flocons d'avoine

bulluqa aajjaa

le muesli

masliis

les cornflakes

fandishaa

la farine

daakuu

le croissant

kiroosantii

les petits-pains

daabboo-

le pain

daabboo

le pain grillé

dabboo oo'aa

les biscuits

buskuuta

le beurre

dhadhaa

le fromage blanc

itittuu

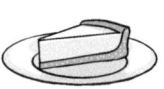

le gâteau

keekii

l'œuf

buuphaa

l'œuf au plat

buuphaa affeelamaa

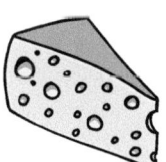

le fromage

ayibii

la glace
....
aays kireemii

le sucre
....
shukkaara

le miel
....
damma

la confiture
....
marmaalaataa

la crème nougat
....
chokkoleetii bittinnaa'aa

le curry
....
kuurii

la ferme
qonna

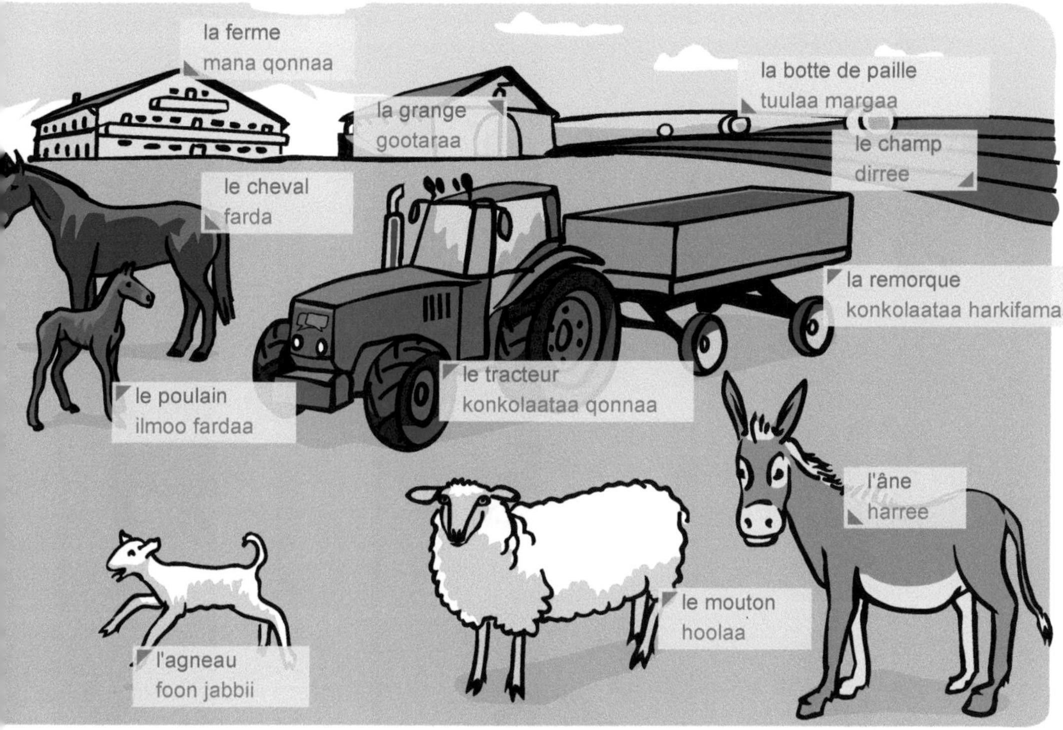

la ferme
mana qonnaa
la grange
gootaraa
la botte de paille
tuulaa margaa
le champ
dirree
le cheval
farda
la remorque
konkolaataa harkifamaa
le tracteur
konkolaataa qonnaa
le poulain
ilmoo fardaa
l'âne
harree
le mouton
hoolaa
l'agneau
foon jabbii

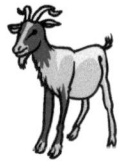

la chèvre
ra'ee

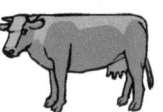

la vache
sa'a

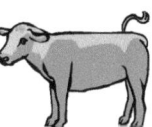

le veau
jabbilee

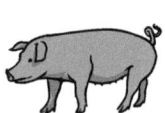

le porc
booyyee

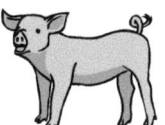

le porcelet
ilmoo booyyee

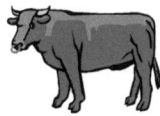

le taureau
korma

l'oie

ziyyee

le canard

daakkiyyee

le poussin

lukkuu

la poule

lukkuu haadhoo

le coq

lukkuu kormaa

le rat

hantuuta

le chat

adurree

la souris

hantuuta goodaa

le bœuf

qotiyyoo

le chien

saree

le chenil

mana saree

le tuyau de jardin

ujjummoo oddoo

l'arrosoir

kan ittin bishaan obaasan

la faucheuse

haamtuu dheeraa

la charrue

qotuu

la faucille

haamtuu

la pioche

gasoo

la fourche

manshii

la hache

qotoo

la brouette

gaarii goommaa

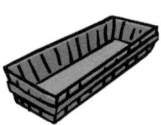

la cuve

suluula

le pot à lait

meeshaa aannanii

le sac

keeshaa

la clôture

dallaa

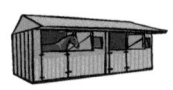

l'étable

tasgabbii

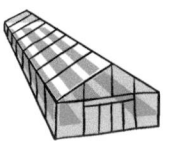

le serre

mana biqiltuu

le sol

biyyee

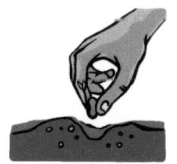

les semences

sanyii

l'engrais

dachee gabbistuu

la moissonneuse-batteuse

kmbaayinara haamaa

récolter

haamuu

la récolte

haamuu

l'igname

biqiltuu hundeen isaa
nyaatamu

le blé

qamadii

le soja

sooy

la pomme de terre

moose

le maïs

boqqoolloo

le colza

raappii siidii

l'arbre fruitier

muka fudraa

le manioc

kzaavaa

les céréales

midhaan biilaa

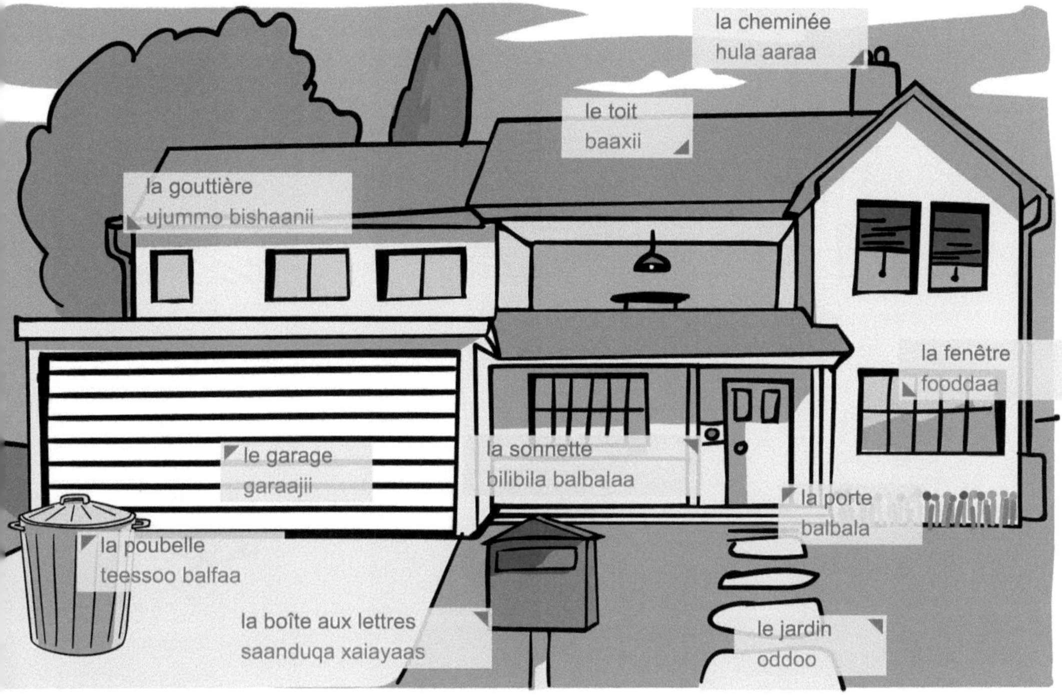

la cheminée
hula aaraa

le toit
baaxii

la gouttière
ujummo bishaanii

la fenêtre
fooddaa

le garage
garaajii

la sonnette
bilibila balbalaa

la porte
balbala

la poubelle
teessoo balfaa

la boîte aux lettres
saanduqa xaiayaas

le jardin
oddoo

le salon

kutaa jireenyaa

la salle de bain

kutaa dhiqannaa

la cuisine

mana bilcheessaa

la chambre à coucher

kutaa ciisichaa

la chambre d'enfant

kutaa ijoollee

la salle à manger

kutaa nyaataa

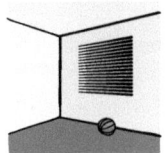

le sol

lafa

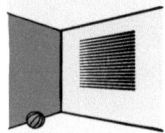

le mur

ededaa

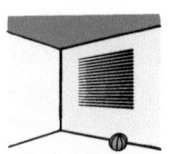

le plafond

baaxii

la cave

seelaarii

le sauna

saawunaa

le balcon

baankoonii

la terrasse

madaba

la piscine

puulii

la tondeuse à gazon

konkoolaataa haamaa

la housse

ansoolaa

la couette

uffata siree

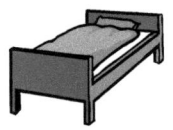

le lit

siree

le balai

hartuu

le sceau

baaldii

l'interrupteur

cufuu

le salon
kutaa jireenyaa

le papier peint
wolpeepparii
l'image
fakkii
la lampe
foon hoolaa
l'étagère
masalangaa
l'armoire
kaappi boordiis
la télé
tleviszinii
la cheminée
midijjaa
la fleur
abaaboo
le coussin
boraatiii
le sofa
soofaa
le vase
tessoo abaaboo
la télécommande
too'attuu halaalaa

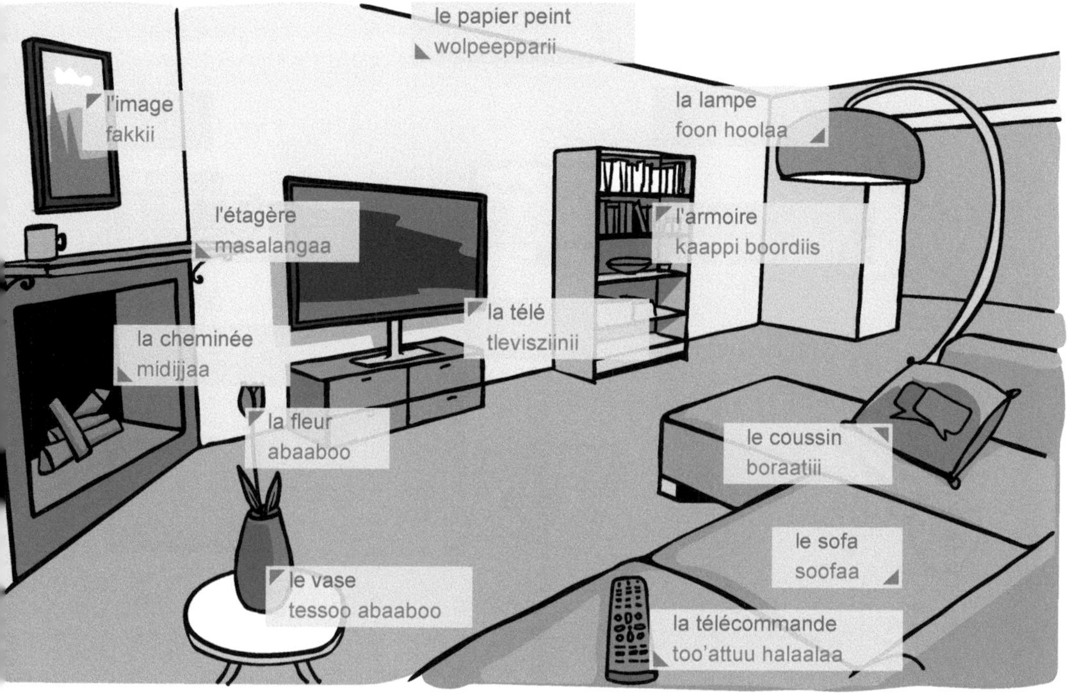

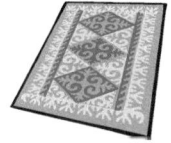

le tapis
afata

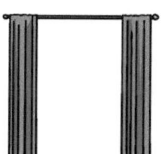

le rideau
golgaa

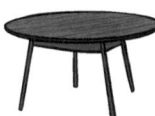

la table
minjaala

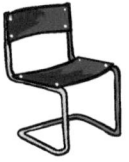

la chaise
teessoo

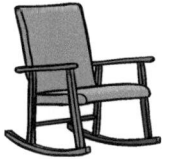

la chaise à bascule
teessoo rarra'aa

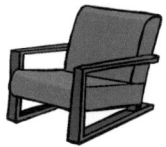

le fauteuil
teesoo ciqilffannaa

le livre

kitaaba

la couverture

uffata qorraa

la décoration

midhagina

le bois de chauffage

muka qoraanii

le film

fiilmii

la chaîne hi-fi

meeshaa

la clé

furtuu

le journal

gaazexaa

la peinture

dibuu

le poster

barjaa

la radio

reedyoonii

le bloc-notes

daftara yaadanoo

l'aspirateur

meeshaa eeleektirikaa afata
qulqulleessu

le cactus

laaftoo

la bougie

dungoo

la cuisine

mana bilcheessaa

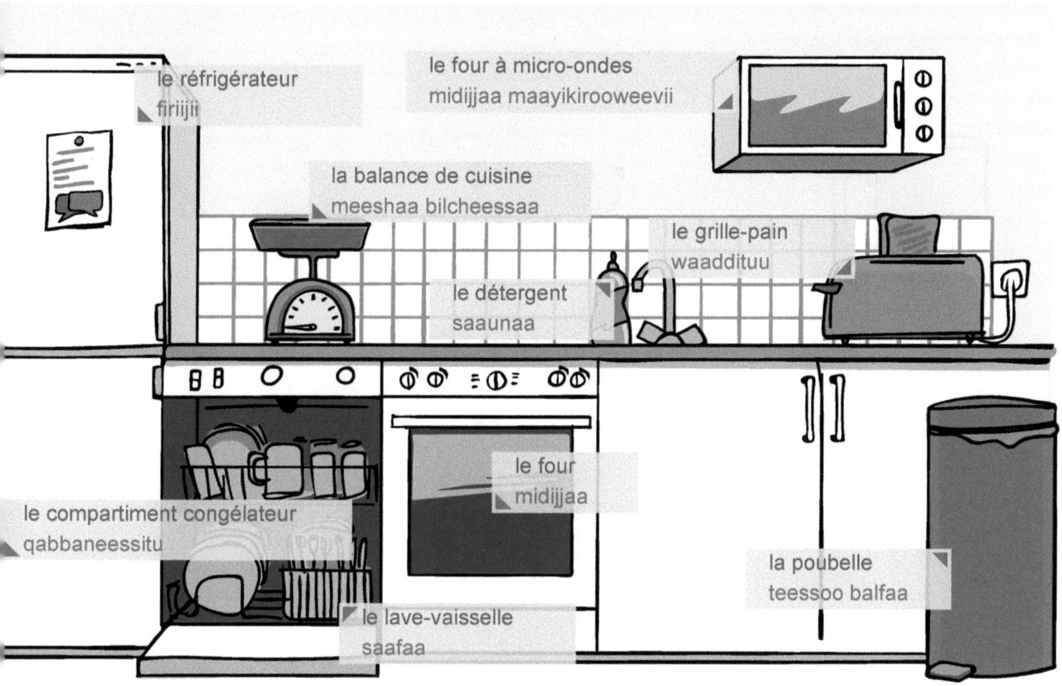
le réfrigérateur
firiijii
le four à micro-ondes
midijjaa maayikirooweevii
la balance de cuisine
meeshaa bilcheessaa
le grille-pain
waaddituu
le détergent
saaunaa
le four
midijjaa
le compartiment congélateur
qabbaneessitu
la poubelle
teessoo balfaa
le lave-vaisselle
saafaa

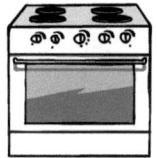

le four

bilcheesssituu

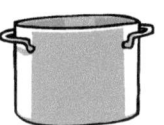

la casserole

okkotee

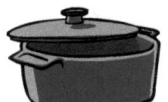

la marmite

cast-iron pot

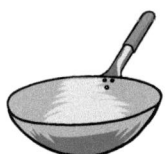

le wok / kadai

sataatee

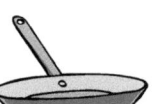

la poêle

waaddituu

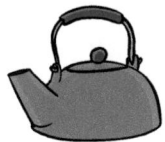

la bouilloire electrique

markajii

le cuiseur vapeur

jabala humna urkaa

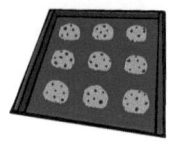

la plaque de cuisson

tirii bilcheessaa

la vaisselle

bantuu qaruuraa

le gobelet

geeba

la coupe

sayinaa

les baguettes

dibata hidhii

la louche

cilfaa

la spatule

shuukkaa

le fouet

areeda aduurree

la passoire

dhimbiibduu

le tamis

gingilchaa

la râpe

meeshaa farfartuu

le mortier

mooyyee

le barbecue

waadii abiddaa

la cheminée

midijjaa

la planche à découper

maktafiyaa

le rouleau à pâtisserie

martuu

le tire-bouchon

bantuu qaruuraa

la boîte

danda'uu

l'ouvre-boîte

banuu danda'uu

les maniques

teesoo okkotee

le lavabo

lixuu

la brosse

buruushii

l'éponge

ispoonjii

le mixeur

meeshaa waliin makaa

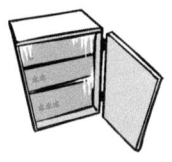

le congélateur

qabbaneessaa guddaa

le biberon

xuuxxoo

le robinet

ujjuummoo

la salle de bain
kutaa dhiqannaa

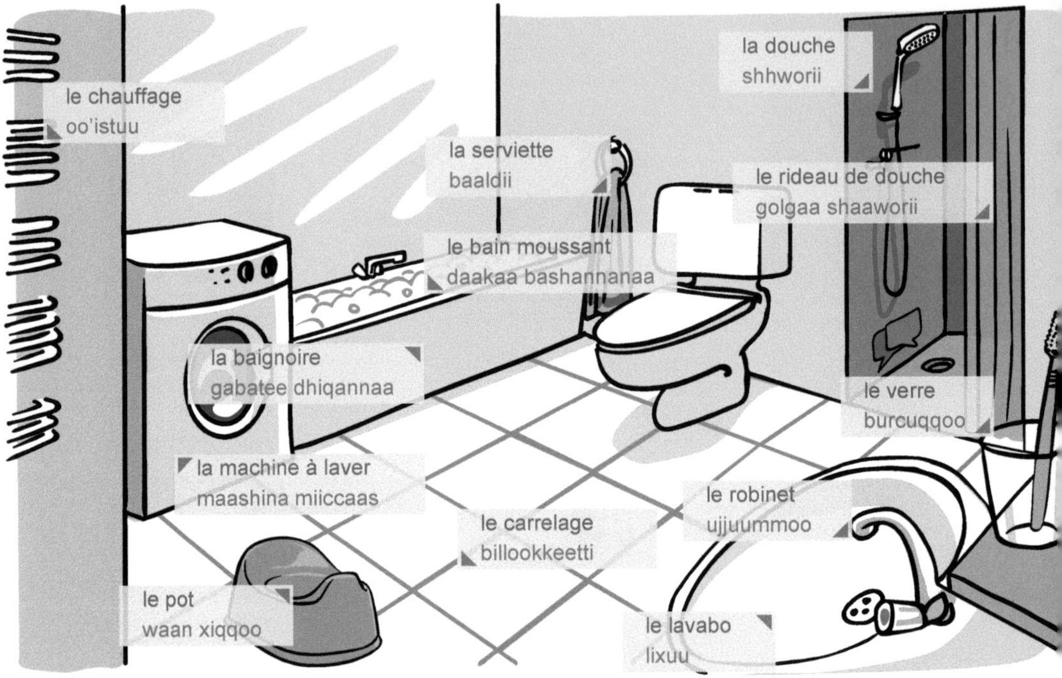

le chauffage
oo'istuu
la serviette
baaldii
la douche
shhworii
le rideau de douche
golgaa shaaworii
le bain moussant
daakaa bashannanaa
la baignoire
gabatee dhiqannaa
le verre
burcuqqoo
la machine à laver
maashina miiccaas
le robinet
ujjuummoo
le carrelage
billookkeetti
le pot
waan xiqqoo
le lavabo
lixuu

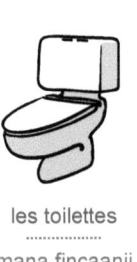

les toilettes
mana fincaanii

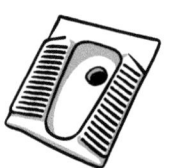

la toilette à la turque
mana fincaanii taa'e

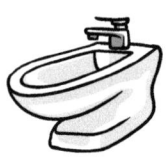

le bidet
saafaa

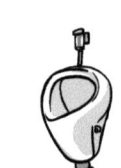

l'urinoir
sahiinaa mana fincaanii

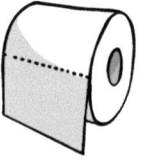

le papier toilette
sooftii

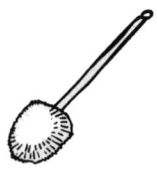

la brosse à toilette
burusha mana fincaanii

la brosse à dents

buruushii ilkaanii

le dentifrice

saamunaa ilkaanii

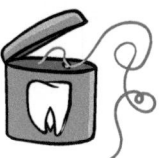

le fil dentaire

soqxuu ilkaanii

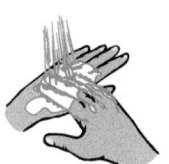

laver

dhiquu

la douche manuelle

qaama dhiqannaa aadaa

la douche intime

kan dach

la vasque

sulula

la brosse dorsale

mana dhiqataa

le savon

saamunaa

le gel douche

dibata dhiqannaa boodaa

le shampooing

shaampuu

le gant de toilette

jejuu

l'écoulement

gogsuu

la crème

kireemii

le déodorant

dodoraantii

le miroir

daawitii

le miroir cosmétique

daawitii hrkaa

le rasoir

milaacii

la mousse à raser

dibata areedaas

l'après-rasage

diibata areedaa

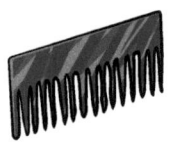

la peigne

filaa

la brosse

burusha

le sèche-cheveux

qoorsituu rifeensaa

la laque pour cheveux

hafuuftuu rifeensaa

le fond de teint

meekaappii

le rouge à lèvres

lippistiikii

le vernis à ongles

qeessa muculiksituu

l'ouate

jirbii

le coupe-ongles

murtuu qeessa

le parfum

shittoo

la salle de bain - kutaa dhiqannaa

la trousse de toilette

korojoo dhiqannaa

le tabouret

gatteechuma

le pèse-personne

iskeelii ulfaatinaa

le peignoir

uffata dhiqannaa

les gants de nettoyage

guwaantii pilaastikaa

le tampon

moodesii

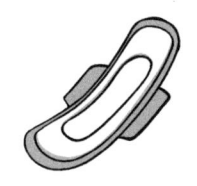

es serviettes hygiéniques

fooxaa qulquulinaa

la toilette chimique

keemikaala mana fincaanii

la chambre d'enfant

kutaa ijoollee

le réveil
sa'aatii alaarmii
le doudou
Eebbiyyoo Hammatamu
la voiture jouet
konkolaatt ijollee
le hochet
hasaasuu
la maison de poupée
mana eebbiyyo
le cadeau
jira

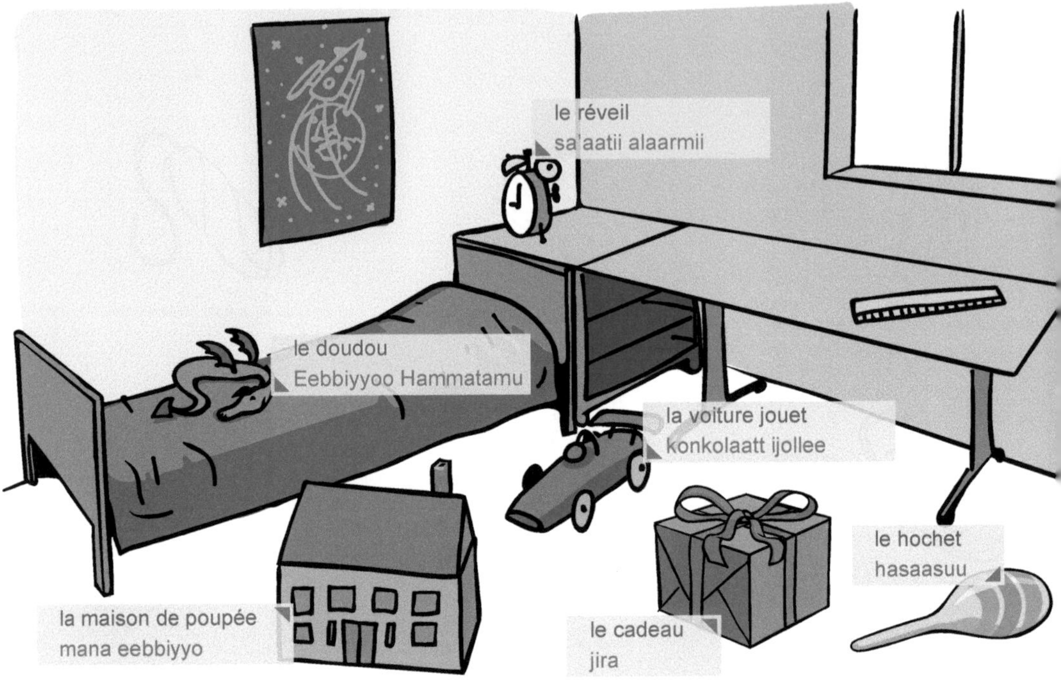

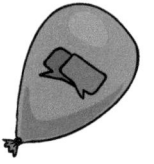

le ballon

baaloonii

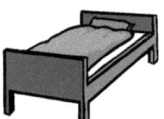

le lit

siree

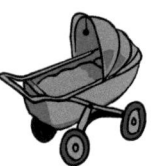

la poussette

gaarii daa'imaa

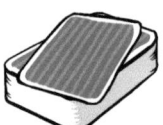

le jeu de cartes

Minjaala Kaardii

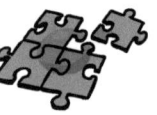

le puzzle

akaafaa

SUPER
MEGA

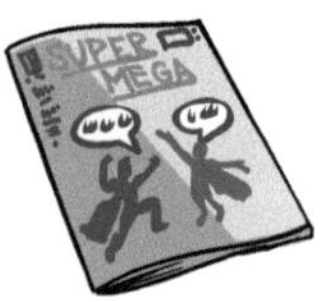

la bande dessinée

kofalchiisaa

les pièces lego
lego bricks

les blocs de construction
dlookii ijaarsaa

la figurine
lakkofsa gochaa

la grenouillère
guddina daa'imaa

le frisbee
saahinaa taphaa

le mobile
mobaayilii

le jeu de société
gabatee taphaa

le dé
kuubii lakk. 1-6 qabu

le train miniature
teessuma leenji'aa
modeelaa

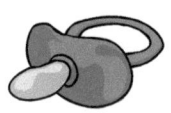

la sucette
fakkii

la fête
afeerrii

le livre d'images
kitaaba fakii

la balle
kubbaa

la poupée
eebiyyoo

jouer
tapha

le bac à sable
boolla cirrachaa

la balançoire
hodhuu

les jouets
eebbiyyoo

la console de jeu
konsoli tapha viidyoo

le tricycle
marsaa sadii

l'ours en peluche
eebiyyo hammatamtu

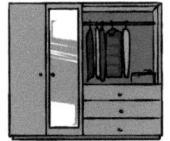

l'armoire
sanduqaa dhaabbii

les vêtements

cuufinsa

les chaussettes
kaalsii

les bas
istookingii

le collant
taayitii

l'écharpe
guftaa

le parapluie
dibaaboo

le t-shirt
qomee

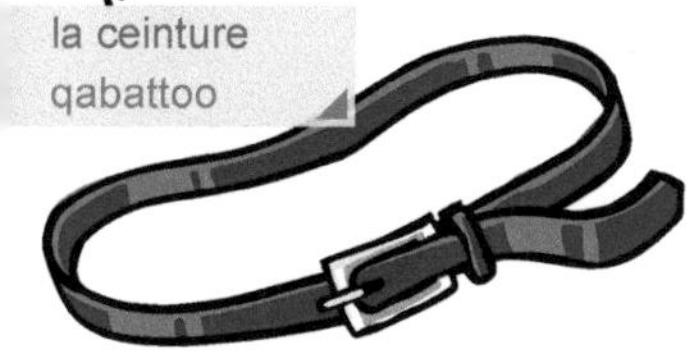

la ceinture
qabattoo

les baskets
leenjitoota

les bottes
bidiruuwwan

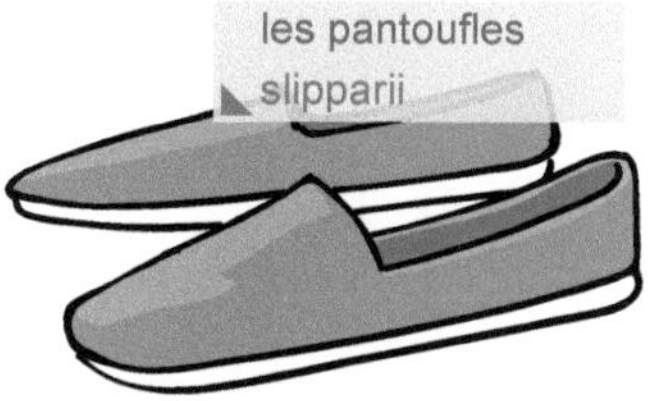

les pantoufles
slipparii

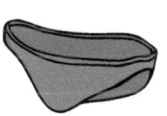

les sandales

kophee banaa

les chaussures

kophee

les bottes de caoutchouc

bidiruu pilaastikaa

les sous-vêtements

butaantaa

le soutien-gorge

harmaa

le maillot de corps

sadariyyaa

le body

qaama

le pantalon

kofoo dheeraa

le jean

jiinsii

la jupe

dalgee

le chemisier

shamiza

la chemise

shurraaba

le pull

shurraaba

le sweat à capuche

haaguuggii jaakkeettii

la veste

yuunifoormii

la veste

jaakkeettii

le manteau

kootii

l'imperméable

kafana roobaa

le costume

barsuma

la robe

wandaboo

la robe de mariée

kafana gaa'ilaa

le costume

kafana guutuu

la chemise de nuit

uffata halkanii

le pyjama

bijaamaa

le sari

wandaboo hindii

le foulard

guftaa

le turban

marata

la burqa

burqaa

le caftan

jalabiyyaa

l'abaya

abaya

le maillot de bain

kafana daakkaa

le maillot de bain

mudhii

le short

kofoo gabaabaa

la tenue d'entraînement

kafanafgichaa

le tablier

appiroonii

les gants

guwwaantii

le bouton

furtuu

les lunettes

burcuqqoowwan

le bracelet

gumee

le collier

amartii

la bague

qubeelaa

la boucle d'oreille

glii

le bonnet

geeba

le cintre

fanoo kootii

le chapeau

qoobii

la cravate

karbaata

la fermeture éclair

ziippii

le casque

heelmeetii

les bretelles

collee

l'uniforme scolaire

uffata mana baruumsaa

l'uniforme

yuunifoormii

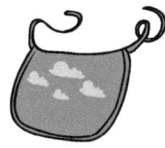

le bavoir

kafana gorooraa

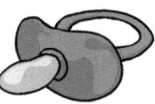

la sucette

fakkii

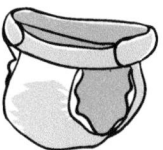

la lange

naappii

le bureau
waajjira

le serveur
sarvarii
l'armoire d'archivage
faayil kaabineetii
l'imprimante
piriintarii
le papier
warqaa
l'écran
moonitarii
la souris
maawzii
le bureau
minjaala
le classeur
fooldarii
le clavier
kiiboordii
la corbeille à papier
qircaata gatoo
la chaise
teessoo
l'ordinateur
kompitara

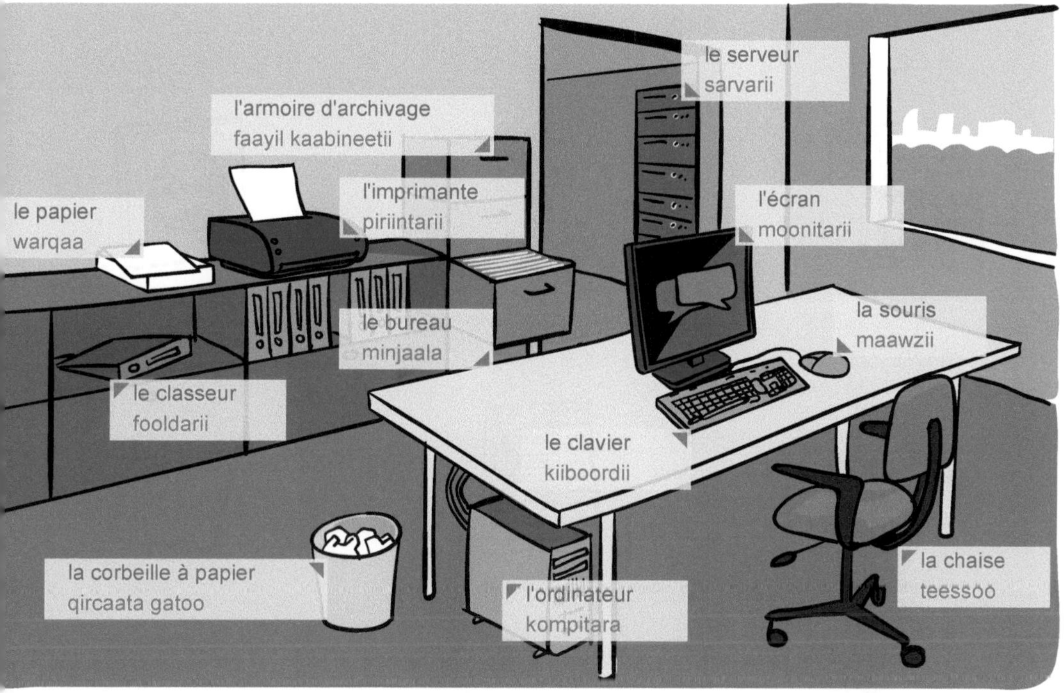

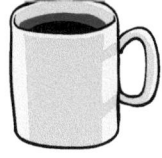

la tasse de café

siinii bunaa

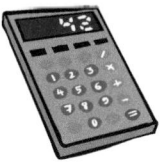

la calculatrice

herregduu

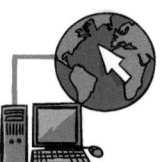

l'internet

intarneetii

l'ordinateur portable

lab tooppii

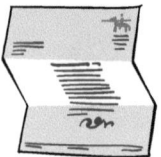

la lettre

xalaya

le message

ergaa

le portable

mobbyilii

le réseau

neetwoorkii

la photocopieuse

maashina footokoppii

le logiciel

sooft weerii

le téléphone

bilbila

la prise

sookkeetii suuqii

le fax

maashina faaksiis

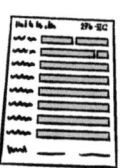

le formulaire

uunkaa

le document

dookimantii

acheter

bituu

payer

kafaluu

faire du commerce

daldaluu

la monnaie

qarshii

le dollar

doolaara

l'euro

yuroou

le yen

yen

le rouble

ruubilii

le franc suisse

Farankaa swwiz

le renminbi yuan

yuwaanii reenmiinbii

la roupie

ruuppee

le distributeur automatique

kaash pooyintii

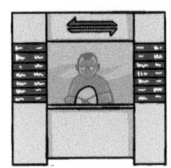

le bureau de change

biiroo de cheenjee

l'or

warqee

l'argent

meeta

le pétrole

zayita

l'énergie

human

le prix

gatii

le contrat

koontiraata

la taxe

taaksii

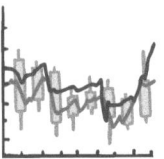

l'action

shaqaxa

travailler

hojjechuu

l'employé

qacaramaa

l'employeur

qacaraa

l'usine

faabrikaas

le magasin

dukkaana

les professions
hojii

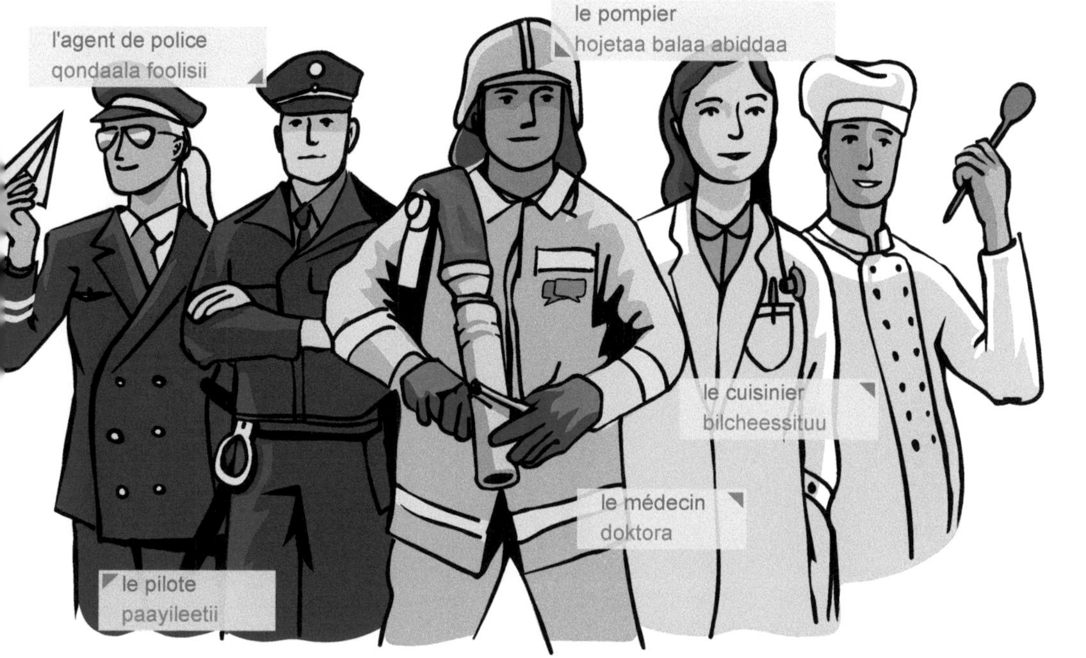
le pompier
hojetaa balaa abiddaa
l'agent de police
qondaala foolisii
le cuisinier
bilcheessituu
le médecin
doktora
le pilote
paayileetii

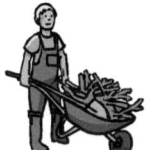

le jardinier

waardiyyaa

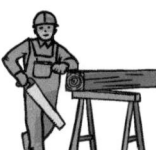

le menuisier

ogeessa mukaa

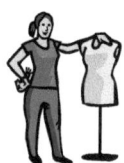

la couturière

ooftuu jabalaa

le juge

abbaa seeraa

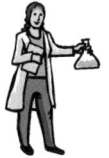

le chimiste

keemistii

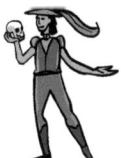

l'acteur

ta'aa

le conducteur de bus

konkolaachisaa

le chauffeur de taxi

konkolaachisaataaksii

le pêcheur

qurxumii kiyyeessaa

la femme de ménage

qulqulleessituu

le couvreur

hojetaa baaxii

le serveur

keessummeessaa

le chasseur

adamisituus

le peintre

halluu dibduu

le boulanger

tolchituu

l'électricien

elektrishaana

l'ouvrier

ijaaraa

l'ingénieur

injinara

le boucher

mana foonii

le plombier

hjjetaa ujummoo

le facteur

poostaa geessituu

le soldat
raayyaa

l'architecte
arkteektii

le caissier
qarshi qabduu

le fleuriste
abaaboo gurgurtuu

le coiffeur
dabbasaa murtuu

le contrôleur
kondaaktara

le mécanicien
makaanika

le capitaine
kaappiteenii

le dentiste
hakiima ilkee

le scientifique
saayntiistii

le rabbin
rabbi

l'imam
imaama

le moine
moloskee

le prêtre
luba

les outils

meeshaalee

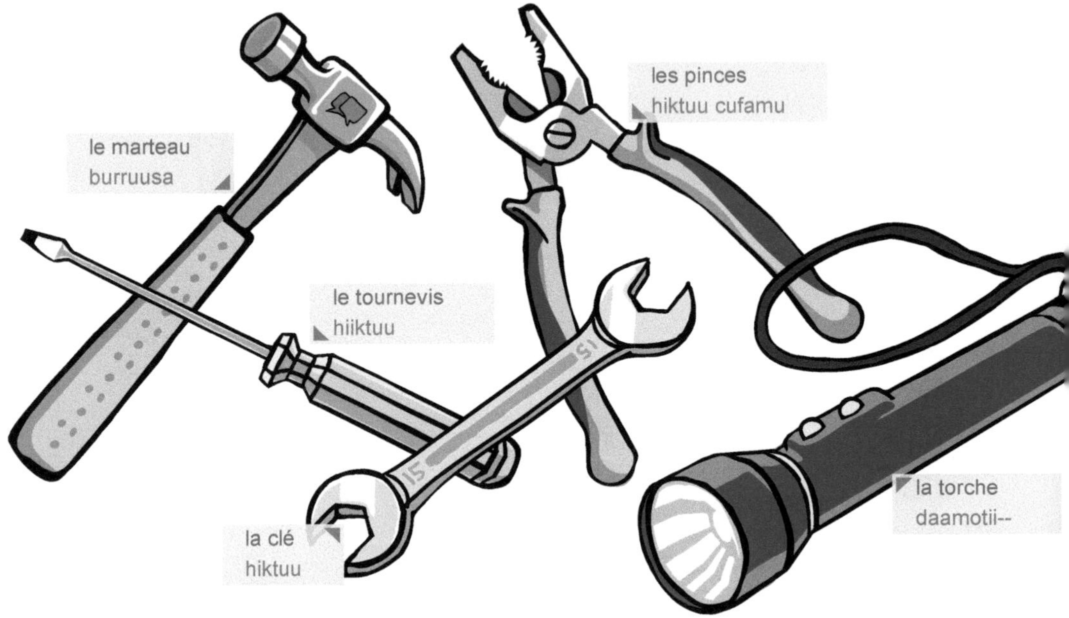
les pinces
hiktuu cufamu
le marteau
burruusa
le tournevis
hiiktuu
la torche
daamotii--
la clé
hiktuu

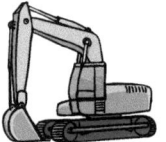

la pelleteuse

gasoo

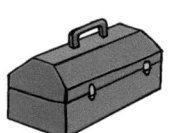

la boîte à outils

saanduqa meeshhalee

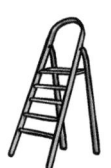

l'échelle

kortoo

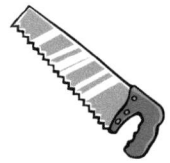

la scie

magaazii

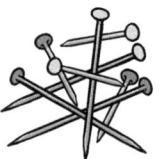

les clous

bismaara

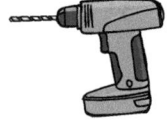

la perceuse

diriilii

réparer

suphuu

la pelle

akaafaa

Mince !

dhaabi

la pelle

gataa balfaa

le pot de peinture

qodaa haalluu

les vis

hiktuu

les instruments de musique
meeshaalee muuziqaa

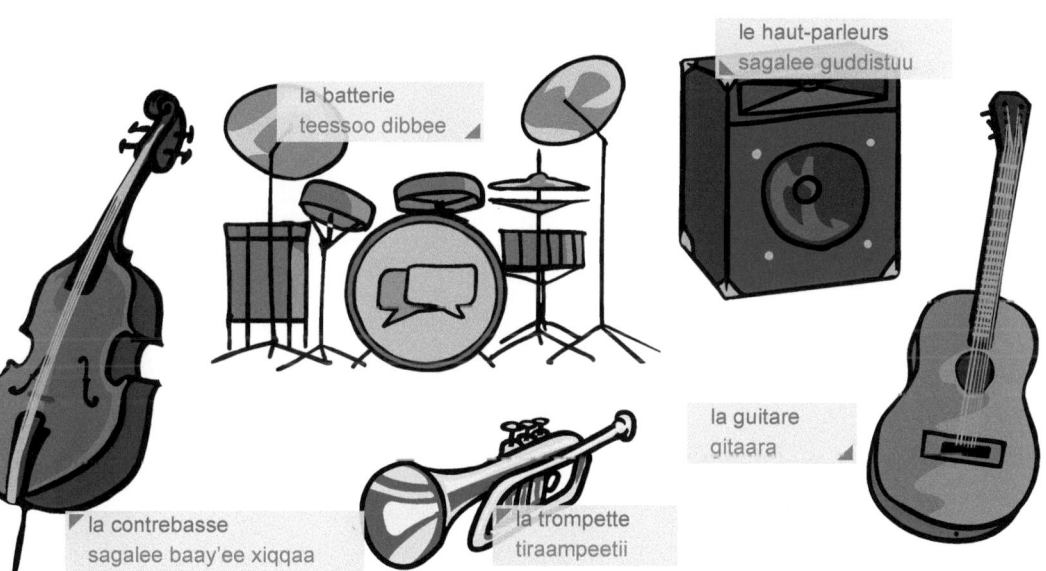

la batterie
teessoo dibbee

le haut-parleurs
sagalee guddistuu

la guitare
gitaara

la contrebasse
sagalee baay'ee xiqqaa

la trompette
tiraampeetii

le piano

piyaanoo

le violon

vaayoolinii

la basse

sagalee xiqqaa

les timbales

timpaanii

le tambour

dibbee

le piano électrique

kiiboordii

le saxophone

saaksi foona

la flûte

ulullee

le microphone

may craafoona

le zoo

dallaa beeladaa

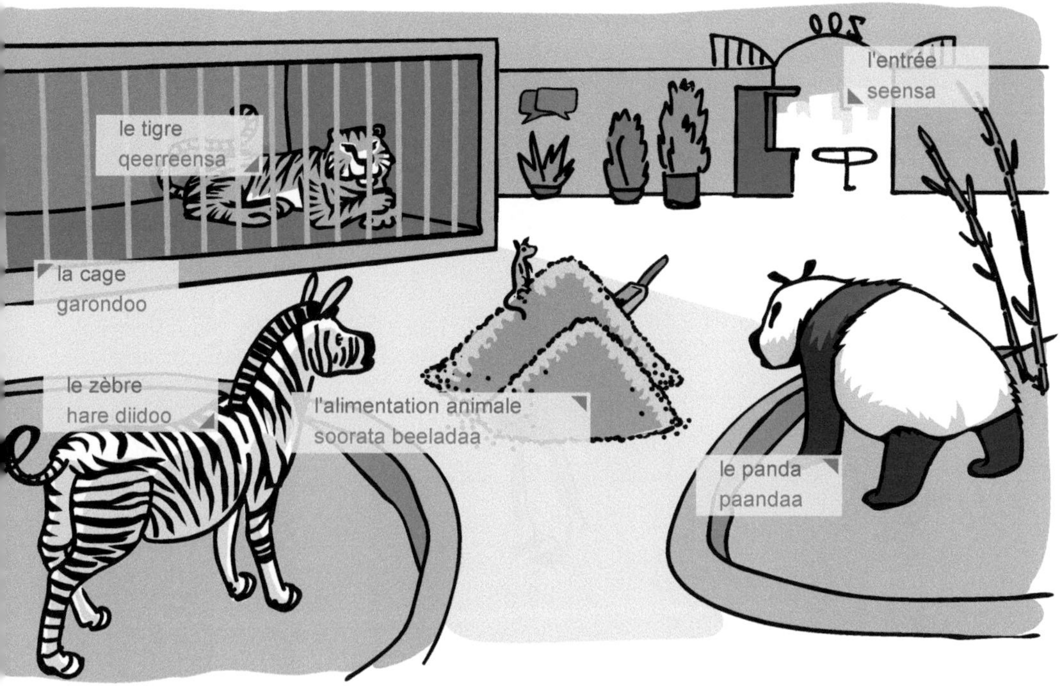
l'entrée
seensa
le tigre
qeerreensa
la cage
garondoo
le zèbre
hare diidoo
l'alimentation animale
soorata beeladaa
le panda
paandaa

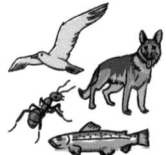

les animaux

beeladoota

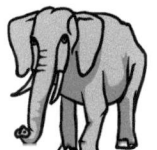

l'éléphant

arba

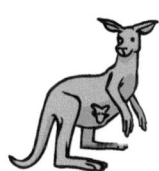

le kangourou

kaangaaroo

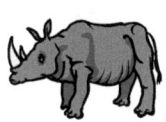

le rhinocéros

warseesa

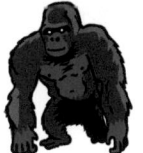

le gorille

jaldeessa guddaa

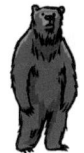

l'ours

godaa

le chameau

gala

l'autruche

guchii

le lion

leenca

le singe

jaldeessa

le flamand rose

fiilaamingoo

le perroquet

simbira dubbattu

l'ours polaire

diibii poolarii

le pingouin

peengyuunii

le requin

shaarkii

le paon

piikookii

le serpent

bofa

le crocodile

qocaa

le gardien de zoo

eegaa zoo

le phoque

chaappaa

le jaguar

sanyii qeerensaa

le poney

farda gabaabduu

le léopard

sanyii qeerrensaa

l'hippopotame

roobii

la girafe

sattaawwaa

l'aigle

culullee

le sanglier

ifaannaa

le poisson

qurxummii

la tortue

qocaa galaanaa

le morse

beelada bishaan keessaa

le renard

sardiida

la gazelle

godaa

l'american Football
kubbaa miilaa ameerikaa

le cyclisme
dargmmii bishkilileettaa

le tennis
teenisa

le basket-ball
kubba kaachoo

la natation
bishaan daakkaa

la boxe
aboottoo

le hockey sur glace
sigigoo cabbie

le football

kubbaa miilaa

le badminton

baadmentanii

l'athlétisme

atileetii

le handball

kubba harkaa

le ski

skiing

le polo

pooloo

rire
kolfa

sauter
utaalcha

embrasser
hammachuu

marcher
deemuu

chanter
sirbuu

rêver
abjuu

prier
kadhannaa

faire la bise
dhungoo

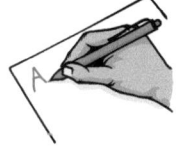

écrire

barreessuu

dessiner

fakkii kaasuu

montrer

agrsiisuu

pousser

dhiibuu

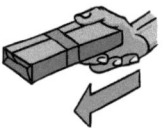

donner

kennuu

prendre

fudhachuu

avoir

qabaachuu

faire

gochuu

être

ta'uu

être debout

dhaabbachuu

courir

kaachuu

trier

harkisuu

jeter

darbachuu

tomber

kufuu

être couché

soba

attendre

eeguu

porter

baachuus

être assis

taa'uu

s'habiller

uffachuu

dormir

rafuu

se réveiller

dammaquu

regarder

ilaaluu

pleurer

iyyuu

caresser

dhiibbaa dhiigaa

peigner

filuu

parler

haasa'uu

comprendre

hubachuu

demander

gaafachuu

écouter

dhggeeffachuu

boire

dhuguu

manger

nyaachuu

ranger

ol kaasuu

aimer

jaalala

cuire

bilcheessuus

conduire

oofuu

voler

barrisuu

faire de la voile

jabalan

calculer

heerregii

lire

dubbisuu

apprendre

baruumsa

travailler

hojjechuu

se marier

fuudha

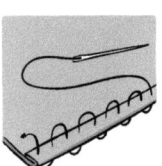

coudre

hodhuu

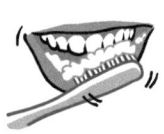

brosser les dents

ilkaan rigachuu

tuer

ajjeecha

fumer

xuuxuu

envoyer

erguu

la famille
warra

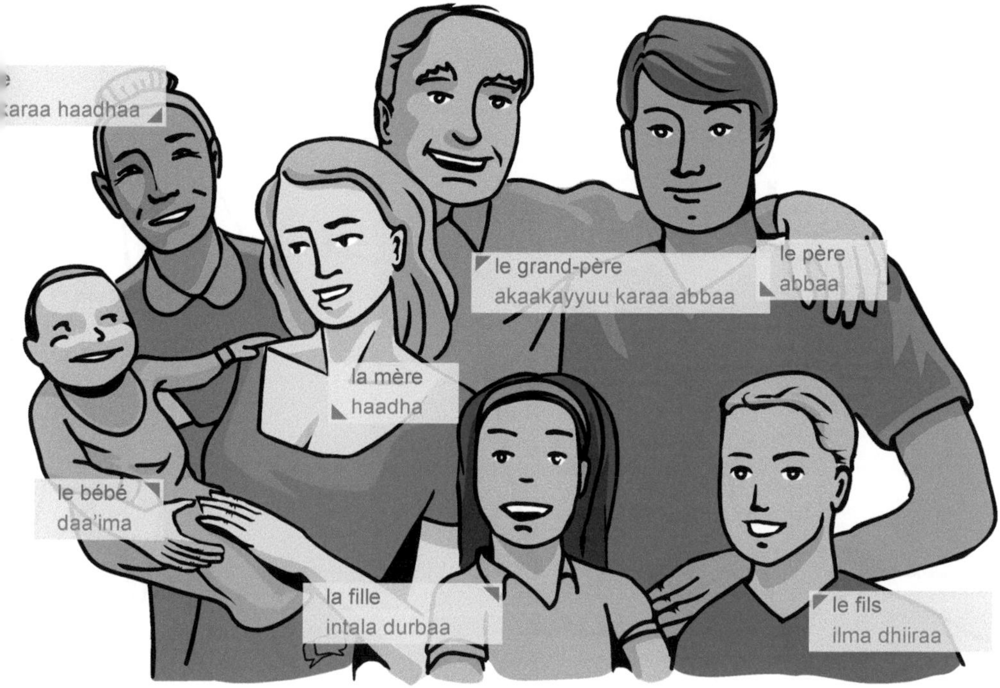
araa haadhaa
le grand-père
akaakayyuu karaa abbaa
le père
abbaa
la mère
haadha
le bébé
daa'ima
la fille
intala durbaa
le fils
ilma dhiiraa

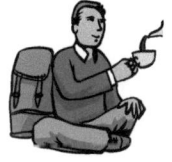

l'hôte

keessummaas

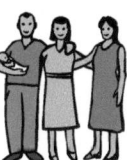

la tante

adaadaa

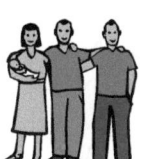

l'oncle

eessuma

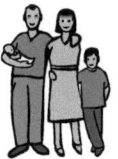

le frère

obboleessa

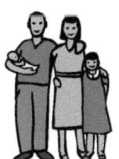

la sœur

obboleettii

le corps
qaama

le front
adda
l'œil
ija
l'épaule
ceekuu
le doigt
quba
le visage
fuula
le menton
igicii
la main
harka
la jambe
luka
la poitrine
harma
le bras
irree

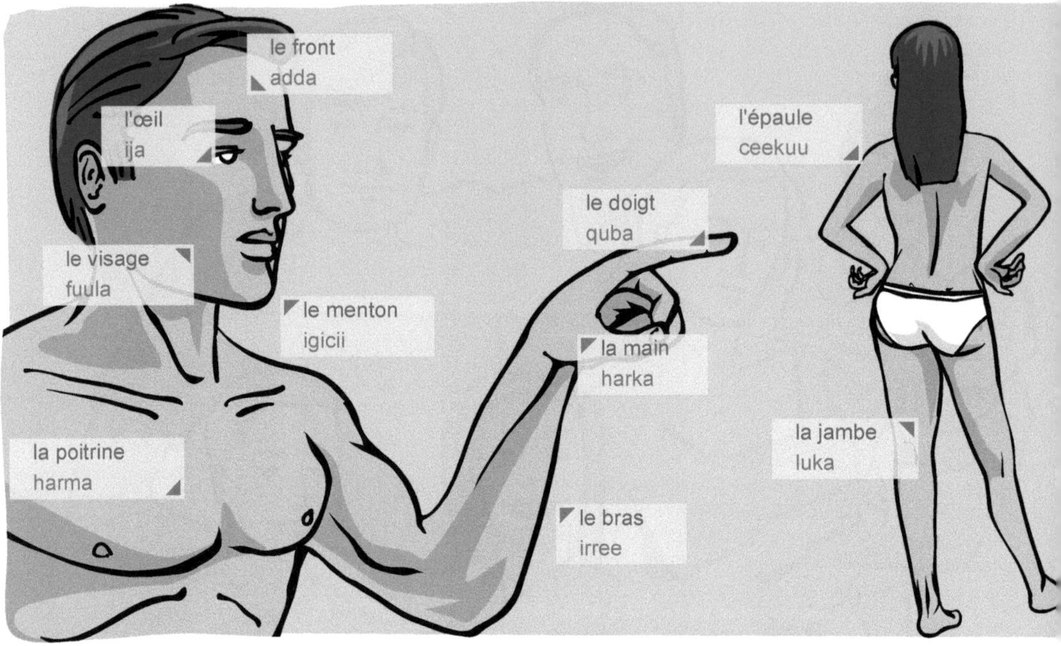

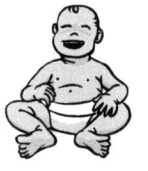

le bébé

daa'ima

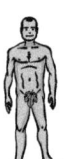

l'homme

nama

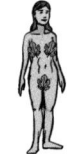

la femme

dubartii

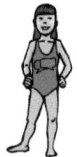

la fille

durba

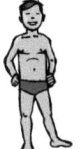

le garçon

mucaa

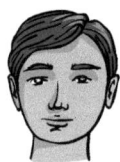

la tête

mataa

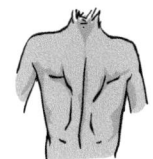

le dos
duuba

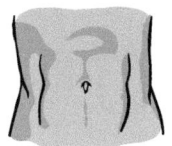

le ventre
godhami

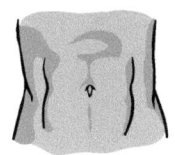

le nombril
belly button

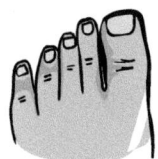

l'orteil
qubq miilaa

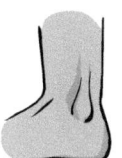

le talon
koomee

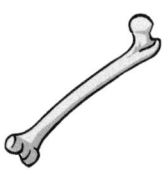

l'os
lafee

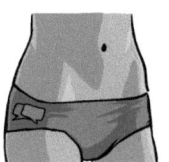

la hanche
dirra

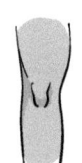

le genou
jilba

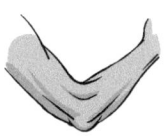

le coude
ciqilee

le nez
fuunyaan

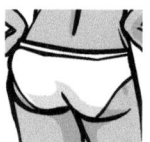

les fesses
jala

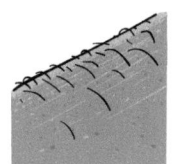

la peau
gogaa

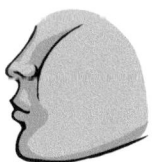

la joue
boqoo

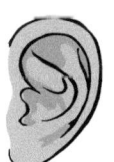

l'oreille
gurra

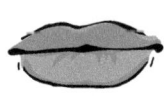

la lèvre
hidhii

la bouche
afaan

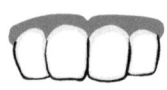

la dent
ilkee

la langue
arraba

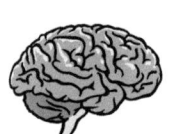

le cerveau
sammuu

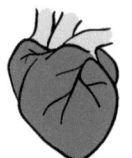

le cœur
onnee

le muscle
fon irree

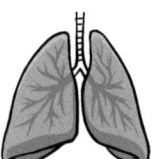

les poumons
somba

le foie
tiruu

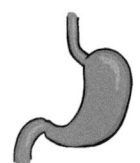

l'estomac
garaacha

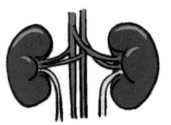

les reins
kaleewwan

le rapport sexuel
wal qunnamitii saalaa

le préservatif
kondomii

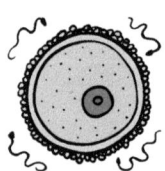

l'ovule
buphaa dubartii

le sperme
mi'oo

la grossesse
ulfa

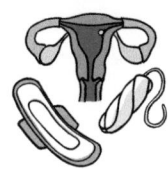

la menstruation

laguu ji'aa

le vagin

buqushaa

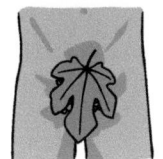

le pénis

tuffee

le sourcil

laboobbaa ijaa

les cheveux

rifeensa

le cou

morma

l'hôpital
hospitaala

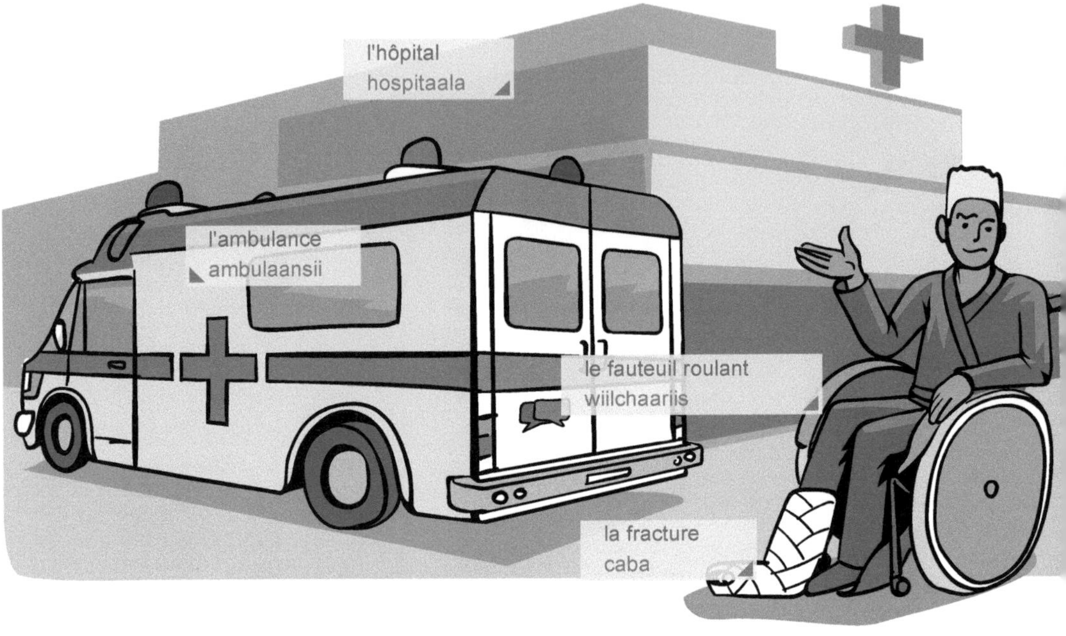

l'hôpital
hospitaala
l'ambulance
ambulaansii
le fauteuil roulant
wiilchaariis
la fracture
caba

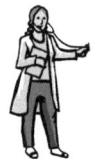

le médecin

doktora

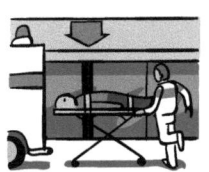

le service des urgences

kutaa hatattamaa

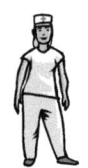

l'infirmière

narsii

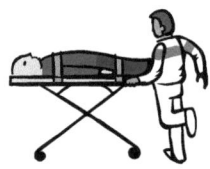

l'urgence

hatattama

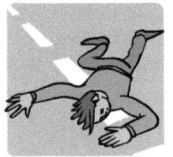

inconscient

kan hin dammaqin

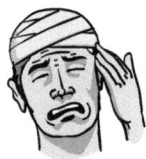

la douleur

dhukkubbii

la blessure

miidhhaa

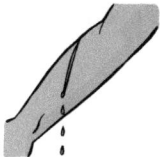

l'hémorragie

dhiiguu

la crise cardiaque

dhukkuba onnee

l'attaque cérébrale

baay'ina dhiigaa

l'allergie

hooqxoo

la toux

qufaa

la fièvre

oo'aa qaamaa

la grippe

qufaa

la diarrhée

baasaa

le mal de tête

bowoo mataa

le cancer

kaansarii

le diabète

dhibee sukkaaraa

le chirurgien

baqaqsanii hodhuu

le scalpel

halbee

l'opération

hojii

le CT

CT

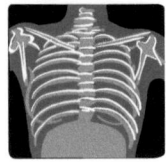

la radiographie

raajii

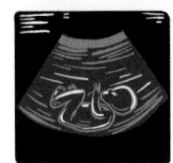

l'échographie

aaltraasaawandii

le masque

haguuggii fuuiaa

la maladie

dhukkuba

la salle d'attente

kutaa haar galfii

la béquille

hirkannaa

le pansement

pilaastara

le pansement

baandeejii

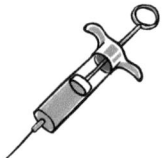

l'injection

limmoo waraanuu

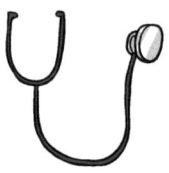

le stéthoscope

isteetskooppi

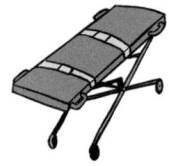

le brancard

siree dhukkubsataa

le thermomètre

termoo meetira klinikaa

l'accouchement

dhaloota

la surcharge pondérale

ulfaatinaa ol

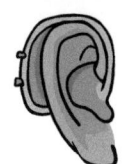

l'appareil auditif

gargaaraa dhageettii

le désinfectant

qoricha aramaa

l'infection

miidhama keessaa

le virus

vaayirasa

le VIH / le sida

ECH AAIVII / EEDSII

le médicament

qoricha

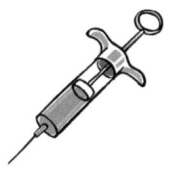

la vaccination

talaallii

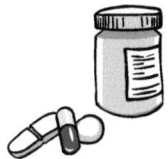

les comprimés

kiniinii

la pilule

kiniinii

l'appel d'urgence

waamicha hatattamaa

le tensiomètre

too'attuu dhiibbaa dhiigaa

malade / sain

dhukkuba / fayyaa

Au secours !

gargaarsa!

l'alarme

alaarmiis

l'assaut

weerara

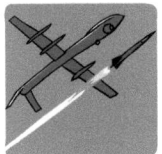

l'attaque

miidhuu

le danger

suukaneessaa

la sortie de secours

baha hatattamaa

Au feu!

abidda

l'extincteur

abidda dhaamisituu

l'accident

balaa

la trousse de premier
secours

saanduqa gargaasa
calqabaa

SOS

Sii'oosii

la police

foolisii

l'Europe

awurooppaa

l'Amérique du Nord

ameerikaa kabaa

l'Amérique du Sud

ameerikaa kibbaa

l'Afrique

afrikaa

l'Asie

eesiyaa

l'Australie

awustraaliyaa

l'Océan atlantique

atilaantik

l'Océan pacifique

paasfiik

l'Océan indien

galaana hindii

l'Océan antarctique

galaana antaartikaa

l'Océan arctique

galaana arkitiik

le Pôle nord

polii kaabaa

le Pôle sud

polii kibbaa

l'Antarctique

antaartikaa

la terre

dachee

le pays

dachee

la mer

garba

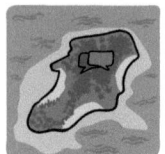

l'île

odola

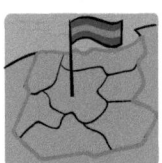

la nation

lammii

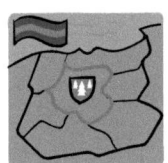

l'état

kutt biyyaa

le cadran

clock face

l'aiguille des heures

sa'aatii kana

l'aiguille des minutes

daqiiqaa kana

l'aiguille des secondes

moofaa

Quelle heure est-il ?

yeroon meeqa ta'ee?

le jour

guyyaa

le temps

yeroo

maintenant

amma

la montre digitale

sa'aatii diiskoo

la minute

daqiiqaa

l'heure

sa'aatii

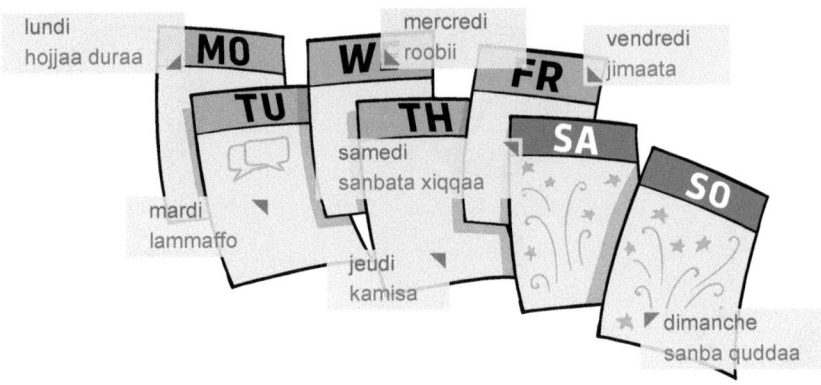

lundi
hojjaa duraa

mercredi
roobii

vendredi
jimaata

mardi
lammaffo

samedi
sanbata xiqqaa

jeudi
kamisa

dimanche
sanba quddaa

hier

kaleessa

aujourd'hui

har'a

demain

boru

le matin

ganama

le midi

guyyaa qixxee

le soir

galgala

les jours ouvrables

guyyaa hojii

le week-end

dhuma forbee

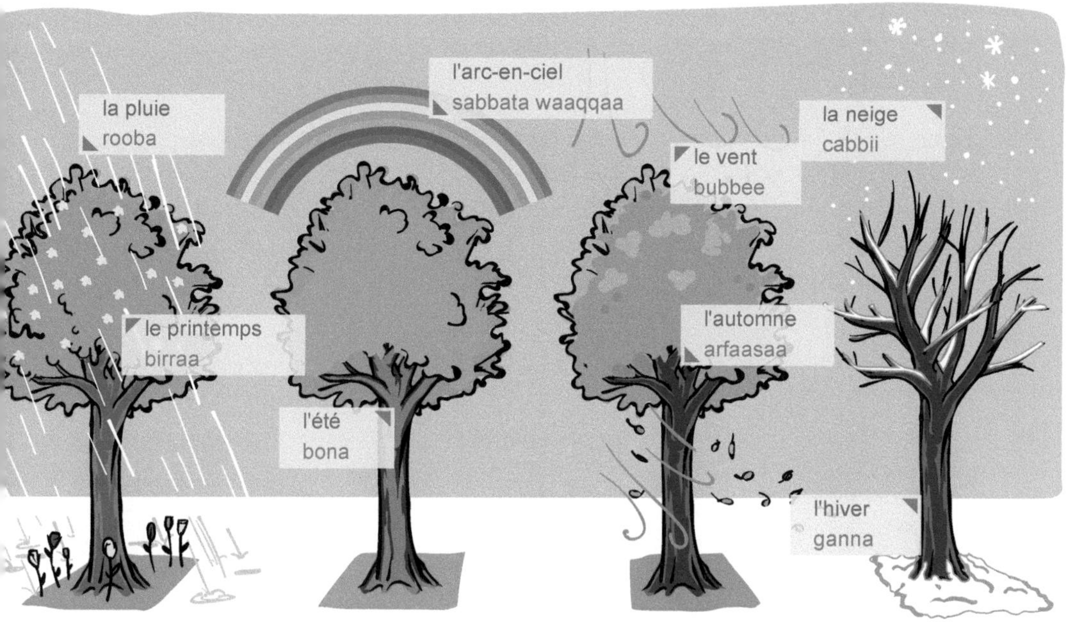

la pluie
rooba
l'arc-en-ciel
sabbata waaqqaa
la neige
cabbii
le vent
bubbee
le printemps
birraa
l'automne
arfaasaa
l'été
bona
l'hiver
ganna

4.APRIL 11°
5.APRIL 4°
6.APRIL 13°
7.APRIL 8°
8 APRIL 10°

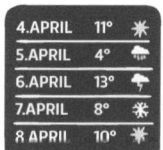

la météo

raaga haala qileensaa

F
C
120
90
60
30
0
-30
40
30
20
10
0
-10
-20

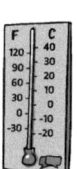

le thermomètre

teermoomeetirii

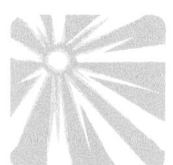

la lumière du soleil

baha aduu

le nuage

duumessa

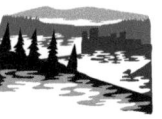

le brouillard

hurii

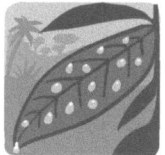

l'humidité

jiidha

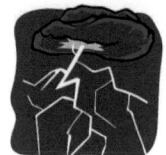

la foudre

bakakkaa

la tonnerre

balaqqee

la tempête

dirrisa

la grêle

cabbii

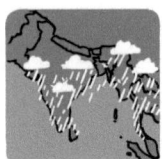

la mousson

monsoon

l'inondation

lolaa

la glace

cabbie

janvier

Amajjii

février

Gurraandhala

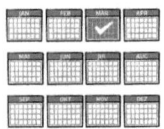

mars

Bitootessa

avril

Eebila

mai

Caamsaa

juin

Waxabajji

juillet

Adooleessa

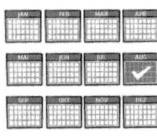

août

Hagayya

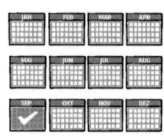

septembre
....
Fulbaana

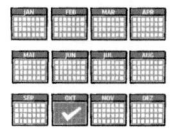

octobre
....
Onkololeessa

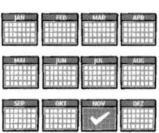

novembre
....
Sadaasa

décembre
....
Muddee

les formes

boca

le cercle
....
geengoo

le carré
....
isqeerii

le rectangle
....
rog arfee

le triangle
....
rg sadee

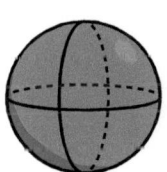

la sphère
....
molaalee

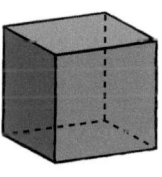

le cube
....
kuubii

blanc

adii

jaune

boora

orange

keelloo

rose

boorilee

rouge

diimaa

violet

bunnii

bleu

cuqliisa

vert

magariisa

marron

magaala

gris

bulee

noir

gurraacha

beaucoup / peu

baay'ee / xiqqoo

fâché / calme

aara / gammachuu

joli / laid

bareeda / fokkuu

le début / la fin

calqaba / xumuura

grand / petit

guddaa / xiqqaa

clair / obscure

ifa / dukkana

frère / soeur

obboleessa / obboleettii

propre / sale

qulqulluu / xurii

complet / incomplet

xumuuramaa / kan hin xumuuramin

le jour / la nuit

guyyaa / halkan

mort / vivant

du'aa / jiraa

large / étroit

bal'aa / dhiphaa

comestible / incomestible

kan nyaatamu / kan hin nyaatamne

méchant / gentil

badd / gaarii

excité / ennuyé

gammachuu / ifannaa

gros / mince

furdaa / qal'aa

le premier / le dernier

calqaba / dhuma

l'ami / l'ennemi

michuu / diina

plein / vide

guutuu / duwwaa

dur / souple

sakoruu / lalllaafaa

lourd / léger

ulfaataa / salphaa

faim / soif

beeluu / dheebuu

malade / sain

dhukkuba / fayyaa

illégal / légal

seer malee / seera qabeessa

intelligent / stupide

gaanfuree / dabeessa

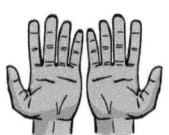

gauche / droite

bitaa / mirga

proche / loin

maddii / fagoo

nouveau / usé

haara'a / moofaa

rien / quelque chose

homma / waan tokko

vieux / jeune

jaarsa / dargaggeessa

marche / arrêt

ibsuu / dhaamsuu

ouvert / fermé

banuu / cufuu

faible / fort

callisuu / sagalee olkaasuu

riche / pauvre

sooressa / hiyyeessa

correct / incorrect

sirrii / dogongora

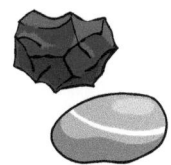

rugueux / lisse

sokorruu / lallaafaa

triste / heureux

aara / gammachuu

court / long

dheeraa / gabaabaa

lent / rapide

qususaa / collee

mouillé / sec

jiidhaa / goggogaa

chaud / froid

oo'aa / qorraa

la guerre / la paix

lola / nagaa

0

zéro

duwwaa

1

un / une

tokko

2

deux

lama

3

trois

sadis

4

quatre

afur

5

cinq

shan

6

six

jaha

7

sept

torba

8

huit

saddeet

9

neuf

sagal

10

dix

kudhan

11

onze

kudha tokko

12

douze

kudha lama

13

treize

kudha sadi

14

quatorze

kudha afur

15

quinze

kudha shan

16

seize

kudha jaha

17

dix-sept

kudha torba

18

dix-huit

kudha saddeet

19

dix-neuf

kudha sagal

20

vingt

diigdama

100

cent

dhibba

1.000

mille

kuma

1.000.000

le million

maliyoona

afaanota

l'anglais

Ingiliffa

l'anglais américain

Ingiliffa Ameerikaa

le chinois mandarin

Mandarinii chaayinaa

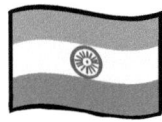

le hindi

Afaan Hindii

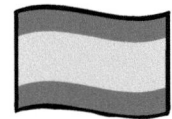

l'espagnol

Afaan Speen

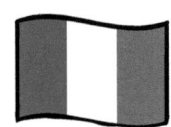

le français

Afaan Faransaay

l'arabe

Afaan Arabaa

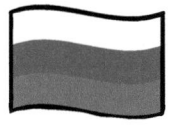

le russe

Afaan Raashaa

le portugais

Afaan Poortugaal

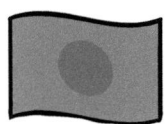

le bengali

Afaan Beengaal

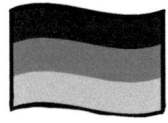

l'allemand

Afaan Jarman

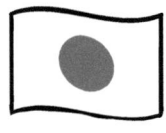

le japonais

Afaan Jaappaan

je

ana

tu

si

il / elle / ce, c', cela

isa / ishii / isa / wantootaf

nous

nu'ii

vous

isin

ils / elles

isan

Qui ?

eenyuu?

Quoi ?

maal?

Comment ?

akkamitti

Où ?

eessa?

Quand ?

hoom?

le nom

maqaa

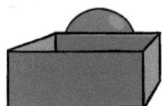

derrière

duuba

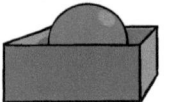

dans

keessa

devant

fuldura

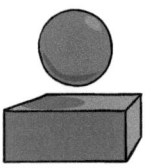

au-dessus

irra

sur

gubbaa

en-dessous

jala

à côté de

maddii

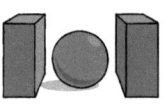

entre

gidduu

le lieu

bakkee